साहित्य का समाजशास्त्र

साहित्य का समाजशास्त्र

बच्चन सिंह

लोकभारती प्रकाशन

लोकभारती प्रकाशन
पहली मंजिल, दरबारी बिल्डिंग, महात्मा गांधी मार्ग,
प्रयागराज–211 001
शाखाएँ : 1–बी, नेताजी सुभाष मार्ग, दरियागंज,
नई दिल्ली–110 002
अशोक राजपथ, साइंस कॉलेज के सामने,
पटना–800 006
1, अनमोल सोराबजी संतुक लेन, धोबी तलाव,
मरीन लाइंस, मुम्बई–400 002
वेबसाइट : www.lokbhartiprakashan.com
ई–मेल : info@lokbhartiprakashan.com

पहला संस्करण : 2007
दूसरा संस्करण : 2011
This book is printed on **Print on Demand**
Technology : 2025

SAHITYA KA SAMAJ SHASTRA
by Bachchan Singh

ISBN : 978-81-8031-265-6

मूल्य : ₹350

श्री बी.पी. कोइराला
की
पुण्यस्मृति में

भूमिका

[आलोचना का संकट]

दूसरे महायुद्ध के बाद दुनिया तीसरे महायुद्ध के कगार पर खड़ी है। विज्ञान और टेक्नोलॉजी ने हमें ऐसी जगह पहुँचा दिया है कि एक ओर हम बहुत दूर तक श्रम की कठोरता से मुक्त हुए हैं तो दूसरी ओर किसी क्षण विनाश के अतल गर्त में समाहित हो सकते हैं। पूँजीवाद ने इसे तिजारत का रूप दे दिया है। फलस्वरूप प्राणलेवा शास्त्रास्त्रों की होड़ बढ़ गई है। दुनिया एक शस्त्रागार हो गई है। पूँजीवाद के तंत्र और विनिमय के रहस्यवाद के कारण मनुष्य पदार्थीकृत (री-इफीफाइड) होता जा रहा है। इस तिजारती शिविर के विरुद्ध एक ऐसा शिविर भी है जो दुनिया को संत्रास से मुक्त कर मानवीय समता और शांति स्थापित करना चाहता है। विज्ञान और टेक्नोलॉजी में कोई छोटा-बड़ा नहीं है। लेकिन एक तबका विज्ञान और टेक्नोलॉजी के विकास के साथ-साथ मानव-जीवन का सारा रस सोख लेना चाहता है। साहित्य और कला को विज्ञान बनाकर संवेदना को माल में बदलने की ओर उन्मुख है। वहीं दूसरा तबका इधर आकर मानवीय संवेदना को सुरक्षित रखने के लिए साहित्य और कला की सापेक्षिक स्वतंत्रता कायम करना चाहता है।

राजनीतिक जगत की तरह आलोचना भी दो शिविरों में बँट गई है—समाजशास्त्र का शिविर और भाषाशास्त्र का शिविर। दोनों शिविर समय-समय पर एक दूसरे पर हमला करते हैं। आलोचना का संकट यह है कि क्या उसे हर हालत में शिविरबद्ध होकर ही रहना पड़ेगा? सही बात तो यह है कि हम न जीवन में विज्ञान और टेक्नोलॉजी से मुक्त हो सकते हैं और न साहित्य में। यदि साहित्य को अपनी रक्षा करनी है तो उसे विज्ञान और टेक्नोलॉजी से सहायता लेनी पड़ेगी। अत: साहित्य के रूपवादी दृष्टिकोण की एक तरफा भर्त्सना नहीं की जा सकती। उसमें ऐसे तत्व मौजूद हैं जिनसे समाजशास्त्रीय आलोचना संपुष्ट और मुकम्मल होगी। इस भूमिका में मेरा लक्ष्य होगा उन तत्वों को संकेतित करना।

इसके साथ ही हर क्षेत्र में भारतीयता का प्रश्न उठाया जा रहा है। पर जितनी तेजी से प्रश्न उछाला जा रहा है उतनी ही तेजी से हम अभारतीय होते जा रहे हैं। इसे उछालने वाले वे ही लोग ज्यादा हैं जो अपने जीवन और लेखन दोनों में अभारतीय हैं। कहा जा रहा है कि अगर हमें स्वतंत्र ढंग से जीना है, अपनी अस्मिता बरकरार रखनी है तो अपनी परंपरा की ओर लौटना होगा। लेकिन कहीं भी भारतीयता और परम्परा को परिभाषित नहीं किया जाता। इसके विरुद्ध पश्चिमी विचारधारा को आयातित माल

कहकर उससे मुक्त होने का आग्रह किया जा रहा है। परम्परा की ओर लौटना जड़ता की ओर लौटना नहीं है। भारतीयता की दुहाई देना स्थितिशीलता की रक्षा करना तथा क्रांतिकारी बदलाव के मार्ग में रोड़ा अटकाना है।

किसी के मन में जिज्ञासा हो सकती है कि रस, ध्वनि, रीति, गुण अलंकार, औचित्य के आगे कोई नया सिद्धान्त अथवा सम्प्रदाय क्यों नहीं बना? कोई नया दर्शन क्यों नहीं आया? मराठी में सौन्दर्यशास्त्र को लेकर नये अर्थापन हुए हैं। हिन्दी में आचार्य शुक्ल ने रस-सिद्धांत की युगानुरूप मौलिक व्याख्या जरूर की। पर पश्चिम की तरह नये-नये सिद्धांत इस धरती में क्यों नहीं उगे? मराठी में सम्पूर्ण साहित्य-सिद्धान्त की नई और प्रामाणिक व्याख्याएँ मिल जायेंगी, किन्तु हिन्दी में रस मीमांसा के अतिरिक्त एक भी ऐसा प्रयास नहीं हुआ है जिसे मराठी के सम्मुख रखा जाये।

एकदम मौलिकता का दावा झूठा है, एकदम नई शुरुआत नहीं होती। अमेरिका में हो सकती है क्योंकि उसके पास अपनी कोई परम्परा नहीं है। अपने यहाँ तो परम्परा का दबाव इतना गहरा है कि उससे सर्वथा मुक्त होना सम्भव नहीं है। पर कठिनाई यह है कि हम उसके अन्तर्विरोधों की पहचान नहीं कर पाते। उत्तर पक्ष से ऐसे चिपक जाते हैं कि पूर्वपक्ष तिरोहित हो जाता है। आचार्य शुक्ल की तरह हम अपनी परम्परा के भीतर से प्रगतिशील परम्परा नहीं खोजते। शुक्लजी को पहचान की यह शक्ति पूर्व-पश्चिम की टकराहट में मिली थी। पश्चिम के प्रति हम सचेत तो हैं पर अपने यहाँ से उसकी टकराहट नहीं हो पाती। आज तो देश की सीमा टूट चुकी है। अन्तर्राष्ट्रीय होना एक अनिवार्यता है। सच तो यह है कि हम अभी तक राष्ट्रमंडल से बाहर नहीं निकल सके हैं। कितने लोगों को रूसी, फ्रेंच, इतालवी, जर्मन, चेक भाषाएँ आती हैं? हम अभी तक उतने अन्तर्राष्ट्रीय नहीं बन सके हैं जितने बन सकते थे।

जहाँ तक समाजशास्त्रीय परम्परा का सवाल है हमारे साहित्य शास्त्र में कुछ खास नहीं मिलेगा। किन्तु सौन्दर्यशास्त्रीय तथा रूपात्मक पक्ष पर सूक्ष्म विचार किया गया है। सौन्दर्यशास्त्रीय विवेचना में नैतिकता का प्रश्न उठा है जो एक स्थिर व्यवस्था के पक्ष में जाता है। शुक्लजी कर्म सौन्दर्य की चर्चा तो करते हैं किन्तु परिवर्तन का उल्लेख नहीं करते। फिर भी हमें साहित्य की विवेचना में उसके समाजशास्त्रीय पहलू को लेना ही होगा। साहित्य की रूपात्मक विवेचना के लिए अपनी परम्परा में बहुत कुछ मिलेगा। पर नये ज्ञान-विज्ञान के आलोक में उसे पुन: संघटित करना होगा। साहित्य का समाजशास्त्र रूपवाद से अलग होकर लँगड़ा और रूपवाद समाजशास्त्र से अलग रह कर अन्धा रहेगा। इन दोनों में गहरा द्वन्द्वात्मक सम्बन्ध है।

विज्ञान और टेक्नोलॉजी का प्रभाव रूपवादी समीक्षा पर काफी पड़ा है। जिस तरह विज्ञान और टेक्नोलॉजी अपने आप में समाज निरपेक्ष है उसी प्रकार साहित्यालोचन को भी निरपेक्ष बनाने का प्रयास किया गया है। चाहे पाठ का गहन अध्ययन (क्लोज रीडिंग ऑफ दी टेक्स्ट) हो या श्केलोवस्की का भाषा के विरूपीकरण का सिद्धांत या संरचनावाद की विशिष्ट पद्धति (कोड) या डेरिडा का ट्रेस और 'अनुपस्थिति' की

तलाश कोई पाठेतर बातों से नहीं उलझता। इस तरह आलोचना को विज्ञान का समकक्ष बना दिया गया है। चूँकि साहित्य का सीधा सम्बन्ध मानवीय समाज से है और यह समाज मात्र संरचना नहीं है, उसके कुछ ऊँचे मूल्य भी होते हैं, इसलिए साहित्यालोचन को कोड आदि के आगे जाना ही होगा। इसका अर्थ हुआ समाजशास्त्रीय विवेचन। अत: प्रयास यह है कि दोनों में सार्थक अन्वय हो।

आज आलोचना में माइक्रो परिप्रेक्ष्य बहुत काम का नहीं है। इसलिए मैक्रो पद्धति का अपनाया जाना आवश्यक हो गया है। रूपपरक आलोचनात्मक पद्धतियों में भाषा के प्रति जो वैज्ञानिक जागरूकता, संरचना के प्रति जो सतर्कता दिखाई पड़ती है उसे छोड़कर चलने का मतलब है साहित्यिकता के मूल औजारों को ही नजरअन्दाज करना। इनके माध्यम से ही सही और प्रामाणिक सामाजिकता की पहचान हो सकती है। पर साहित्यिक औजारों की समझ भी ऐतिहासिक दृष्टि पर निर्भर है।

इन पद्धतियों को आलोचना में कैसे प्रयुक्त किया जाय वह आलोचक की अपनी बुद्धिमत्ता और दृष्टि पर निर्भर करता है। इन सारी की सारी पद्धतियों को व्यक्ति-वैचित्र्यवाद कहकर नहीं टाला जा सकता। पुस्तक में ऐसे 'ट्रेसों' की कमी नहीं है जिनके आधार पर साहित्यगत प्रच्छन्न संवेदना और अनुपस्थिति की ऐतिहासिक पहचान न की जा सके।

—डॉ० बच्चन सिंह

विषय-क्रम

साहित्य का समाजशास्त्र

'साहित्य का समाजशास्त्र' बीसवीं शताब्दी का पौधा है। जिन कारणों से यह अमेरिका और यूरोप में पोषित हो रहा है, उन्हीं कारणों से यह अपने देश में भी दिखाई पड़ने लगा है। आश्चर्य तो तब होता है कि हिन्दी के कुछ मार्क्सवादी आलोचक भी इसकी वकालत करने लगे हैं। यही नहीं कोशिश यह हो रही है कि मार्क्सवादी समाजशास्त्रीय दृष्टि को इसी में अन्तर्भुक्त कर लिया जाये और इस तरह एक चालाकी के तहत एक क्रान्तिकारी और व्यापक दृष्टिकोण से लोगों को दूर कर दिया जाये। जिस तरह मार्क्सवादी समाजशास्त्र के समानान्तर एक दूसरा समाजशास्त्र (मुख्यत: अमरीकी) विकसित हो रहा है उसी तरह मार्क्सवादी आलोचना के समानान्तर 'साहित्य का समाजशास्त्र' प्रस्तुत किया जा रहा है। 'पश्चिमी समाजशास्त्र' और 'साहित्य का समाजशास्त्र' के संक्षिप्त इतिहास से ही यह प्रमाणित हो जाता है। इससे भी आपत्ति नहीं हो सकती है बशर्ते कि इस 'समाजशास्त्र' में कुछ ऐसे तत्व भी हों जो साहित्य की समझदारी में सहायक सिद्ध होते हों।

अध्ययन की एक सामान्य पद्धति के अनुरूप साहित्य के समाजशास्त्र के अतीत में झाँक लेने की जरूरत है। उसका आविर्भाव १७-१८ शती में बताया गया है। पर इस सन्दर्भ में विशेष उल्लेख्य नाम है 'मादाम द स्ताल' (१७६६-१८१७)। इसके पहले विको अपनी पुस्तक 'नया विज्ञान' में (१७२५) तथा हर्डर (जर्मन दार्शनिक) समाज और साहित्य के सम्बन्धों की चर्चा कर चुके थे। एलन स्विंगवुड ने मादाम को विशेष महत्व दिया है। मादाम ने अपने ग्रन्थ 'साहित्य के विषय में' 'दी ला लितरात्यार' (De La Literature) के आरम्भ में ही कहा है—''मेरा उद्देश्य साहित्य पर धर्म, रीतिरिवाज और कानून के प्रभाव का परीक्षण करना है, क्योंकि साहित्य को प्रकृति के निर्माण में योगदान करने वाले सामाजिक तथा राजनीतिक प्रभावों का विवेचन प्राय: नहीं हुआ है।'' उसके मतानुसार साहित्य में जलवायु के अनुसार मार्दव या कर्कशता आती है। उपन्यास का विकास वहीं सम्भव है जहाँ नारी का सम्मान होता है। साहित्य के विकास में वे मध्य वर्ग की कारगर भूमिका स्वीकार करती हैं। साहित्य के वे दो मूलतत्व मानती हैं—'स्वातन्त्र्य भावना' और 'सदाचार' और ये दोनों मुख्यत: मध्यवर्ग से ही सम्बद्ध हैं।

दूसरा महत्वपूर्ण नाम है फ्रांसीसी इतिहासकार तेन का। तेन के पहले एडम स्मिथ, हीगेल, स्पेंसर भी साहित्य और समाज के सम्बन्धों पर अपने विचार व्यक्त कर चुके थे। पर तेन ने अपने ग्रन्थ 'अंग्रेजी साहित्य का इतिहास' में साहित्य सम्बन्धी मूल्यांकन का एक सिद्धान्त स्थापित किया। यह सिद्धान्त प्रजाति, काल और पर्यावरण के त्रिक् पर

आधारित है। प्रजाति को वह वंशानुक्रम, शारीरिक संरचना, काल को युग चेतना और पर्यावरण को जलवायु तथा सामाजिक परिवेश के रूप में लेता है। ये तीनों तत्व परस्पर सम्बद्ध हैं, अलग-अलग नहीं हैं। तेन में एक खास अन्तर्विरोध यह था कि एक ओर वह साहित्य को अनेक प्रभावों से गठित मानता है तो दूसरी ओर वैयक्तिक प्रतिभा से परिचालित। तेन के सिद्धान्तों का भरपूर प्रभाव तत्कालीन अमेरिकी पत्रकारितापरक आलोचना पर पड़ा और साहित्य में राजनीति, अर्थतत्व, मनोविज्ञान, कानून आदि की तलाश होने लगी।

मार्क्स के मरणोपरान्त मार्क्सवादी समाजशास्त्र का प्रभाव तेजी से फैलने लगा, विश्वविद्यालयों में अध्ययन-अध्यापन भी शुरू हुआ। पर उसी समय उसके विरोध में नया समाजशास्त्र भी आया। पहला द्रष्टव्य विरोध स्टैमलर की ओर से आया जिसने आर्थिक क्रियाकलापों के लिए कानून की अनिवार्यता पर बल दिया। क्रोचे ने मार्क्सवादी दर्शन में कुछ नया नहीं देखा। मार्क्सवादी सिद्धान्तों के विरोध में अपने सिद्धान्तों के प्रतिपादकों में सबसे बड़ा नाम मैक्सवेबर का है। समस्त सामाजिक-सांस्कृतिक स्थितियों को अर्थ व्यवस्था ही नियन्त्रित करती है, उसे मान्य न था, मार्क्स के समाजवाद के लिए उसका कहना था कि उसमें सर्वहारा की प्रभुसत्ता नहीं होगी बल्कि राजपुरुषों की डिक्टेटर-शिप होगी। मैक्सवेबर का प्रभाव क्षेत्र भी काफी विस्तृत है। मार्क्सवादी समाजशास्त्र के विरोध में मुहिम और तेज हो गयी।

मार्क्स तथा उसके सिद्धान्तों का अर्थापन करने वाले लोगों ने—ट्राट्स्की, प्लेखोनोव, लूकाच, ग्राम्शी आदि ने—साहित्य के सम्बन्ध में भी अच्छा खासा विचार किया। धीरे-धीरे मार्क्सवादी साहित्यशास्त्र काफी विकसित हो गया। मार्क्सवादी समाजशास्त्र के विरोध में नया समाजशास्त्र बनाने वाले विचारकों ने भी उतनी गम्भीरता से न सही पर साहित्य के सम्बन्ध में विचार जरूर किया। बीसवीं शती के उत्तरार्द्ध में तो 'साहित्य के समाजशास्त्र' पर कई पुस्तकें भी आ गयीं। इस विषय पर डंकन, हैरी लेबिन, एस्कारपिट, ह्वाको, माल्कम ब्रेडबेरी, जोसेफ रुचेक, डाइना लारेन्सन एवं एलन स्विंगउड आदि की पुस्तकें द्रष्टव्य हैं।

इन लेखकों की केन्द्रीय विषय-वस्तु साहित्य को संस्था के रूप में प्रस्तुत करना है। जिस प्रकार समाज की अन्य संस्थाओं का निर्माण समाज करता है और समाज का निर्माण ये संस्थाएँ करती हैं, उसी प्रकार साहित्य का निर्माण समाज करता है और समाज का निर्माण साहित्य करता है। साहित्य की साहित्यिकता या उसके सौन्दर्य पक्ष से इस अध्ययन का सरोकार नहीं है। प्राय: बहुत से लोग इस भ्रम के शिकार हैं कि 'साहित्य का समाजशास्त्र' साहित्य का मार्क्सवादी समाजशास्त्र है। टेरी एग्लिटन ने 'मार्क्सिज्म एण्ड लिटरेरी क्रिटिसिज्म' में स्पष्ट कहा है कि ''मार्क्सवादी सौन्दर्यशास्त्र' 'साहित्य के समाजशास्त्र' से कहीं अधिक है। साहित्य के समाजशास्त्र का मुख्य सम्बन्ध साहित्यिक उत्पादन के साधनों, वितरण और एक खास समाज में विनिमय से है। किताब कैसे प्रकाशित होती है, लेखकों की सामाजिक स्थिति क्या है, पाठकों की

संख्या कितनी है, शिक्षा का स्तर क्या है आदि बातों का लेखा-जोखा तक ही यह सीमित है। इससे पाठ की सामाजिक प्रासंगिकता जानी जाती है। दूसरे शब्दों में कृति के पाठ से उन वस्तुओं को निचोड़ लिया जाये जिनमें सामाजिक इतिहासकारों की दिलचस्पी हो। यह न तो मार्क्सवादी है और न आलोचनात्मक है।''

मार्क्सवादी आलोचना, अपने विकसित रूप में, साहित्यिक कृति को अधिक पूर्णता से विश्लेषित करती है। इस विश्लेषण में कृति का शिल्प और रूप दोनों समाहित रहते हैं। पाठ का सामाजिक अर्थापन विश्लेषण की व्यक्तिवादी प्रक्रिया है। सुसन सोन्टाग ने अर्थापन से चिढ़ कर एक पुस्तक लिखी—'अगेन्स्ट इंटरप्रेटेशन'। इसमें बहक की गुंजाइश अधिक रहती है। विकसित मार्क्सवादी समीक्षा में साहित्य के सौन्दर्यपक्ष पर पूरा बल दिया जाता है। दूसरे शब्दों में उसे सौन्दर्य तथा सामाजिक के द्वन्द्वात्मक सम्बन्धों की तलाश करनी पड़ती है। इतना कहने के बाद साहित्य के समाज शास्त्र का बौनापन ही नहीं प्रकट होता बल्कि उस साजिश का भी पर्दाफाश होता है जो इसे आलोचना के प्रतिमान के रूप में खड़ी कर रही है।

उपर्युक्त तथ्य के पुष्टयर्थ स्वयं साहित्य के समाजशास्त्र की वास्तविकता देखनी होगी। साहित्य के समाजशास्त्र के विश्लेषण के लिए प्राय: तीन प्रकार की विधियाँ अपनाई गयी हैं—१.कुछ घटकों की परिकल्पना, २. साहित्य और समाज की संरचनाओं में समानान्तरता और ३. संस्था के रूप में साहित्य का अध्ययन।

डंकन साहित्य को एक संस्था मानता है। धर्म, दर्शन, और राजनीति की तरह साहित्य भी संस्था के रूप में समाज में महत्वपूर्ण भूमिका अदा करता है। साहित्य का अपना समाज होता है उसे लेखक, आलोचक और पाठक के अन्त: क्रियात्मक सम्बन्धों में समझा जा सकता है। साहित्य को समझने के लिए उसके ये ही तीन घटक हैं। ह्वाको साहित्य को एक घटना मानता है जो लेखक, संरक्षक, आलोचक, प्रकाशक, पाठक की अन्त: क्रियाओं द्वारा घटित होती है। एस्कारपिट मुख्यत: तीन ही घटक मानता है—लेखक, कृति और पाठक। अन्य दूसरे गौण घटक इन्हीं में अन्तर्भुक्त हो जाते हैं। अन्य लोगों ने थोड़े-बहुत हेरफेर के साथ एस्कारपिट के घटकों को स्वीकार कर लिया है।

लेखक साहित्य का स्रष्टा है। साहित्य में उसके व्यक्तित्व का प्रतिफलन होता है। अत: साहित्य को समझने के लिए लेखक के व्यक्तित्व को रूपायित करने वाले तत्वों का विश्लेषण जरूरी है। एस्कारपिट उसके वर्ग, वित्तीय समस्याओं, संरक्षण, समकालीन स्थितियों आदि के विवेचन पर खास जोर देता है। एलन स्विगउड और डायना लारेन्सन का मत भी इससे भिन्न नहीं है।

लेखक की वर्गीय स्थिति, आर्थिक-सामाजिक समस्याओं के प्रति उसके रुख, विचारधारा आदि के सम्बन्ध में आंकड़े जुटा लेना सरल है। पर कृति में उनके फलितार्थों का विवेचन काफी मुश्किल है। वर्गीय स्थिति से किसी लेखक की कृति को अनिवार्यत: सम्बद्ध करना पर्याप्त भ्रांतिपूर्ण है। अनिवार्यत: शब्द का जानबूझकर

प्रयोग किया गया है। वर्गीय स्थिति को एकदम से खारिज नहीं किया जा सकता। कबीर की वर्गीय स्थिति का विश्लेषण उनकी रचनाओं की जानकारी में सहायक होगा। तुलसीदास के अन्तर्विरोधों को भी इसी आधार पर समझा जा सकता है, पर रीतिबद्ध कवियों की वर्गीय स्थिति और उनके अभिजातीय काव्य से बहुत तालमेल नहीं बैठेगा। रेनेवेलक का कहना है कि "अधिकांश दरबारी साहित्य उन लोगों ने लिखा था जिन्होंने निम्न हैसियत के परिवारों में जन्म लेने के बावजूद अपने आश्रयदाताओं की रुचि और विचारधारा अपना ली थी, पुश्किन, गोगोल, तुर्गनेव, तालस्ताय, वाल्जक आदि को वर्गीय दृष्टि से देखने पर उन रचनाओं में भू-स्वामियों का हित दिखाई पड़ेगा जो गलत है। स्मरण रखना चाहिए कि स्वयं मार्क्स और एंग्लिस उच्च मध्य वर्ग के व्यक्ति थे।"

एस्कारपिट के मतानुसार लेखक एक खास पाठक वर्ग को संबोधित करता है। अतः उसकी सर्जनात्मक प्रक्रिया पाठक वर्ग की अभिरुचियों, पर्यावरण और विचारधारा से नियंत्रित होती है। लेखक अपने समय की जनता की आकांक्षाओं का 'पोर्ट्रेट' प्रस्तुत करता है। रचना की सफलता और असफलता पाठकों की स्वीकृति और अस्वीकृति पर निर्भर करती है। मोलियर के सम्बन्ध में उसका कहना है "बीसवीं शताब्दी के फ्रांसीसियों के लिए वह अभी युवा है क्योंकि उसकी अपनी दुनिया, संस्कृति, दृष्टि, भाषा अभी भी हमें बाँधे हुए है—किन्तु दिन-पर- दिन ये बन्धन ढीले पड़ते जा रहे हैं। मोलियर बूढ़ा होगा और मर जायेगा क्योंकि एक दिन मोलियर और हमारी संस्कृति की समानतायें समाप्त हो जायेंगी।" गोया मोलियर अपने समय की प्रतिच्छवि के अतिरिक्त और कुछ नहीं अंकित कर रहा था। इस तरह तो हर लेखक युवा होगा, बूढ़ा होगा और मर जायेगा। भावी पाठक उसकी कृति से कुछ 'विकृत प्रतिध्वनियाँ' सुना करेगा। जाहिर है कि साहित्य के समाजशास्त्र के प्रवक्ताओं ने लेखक और जनता के द्वन्द्वात्मक सम्बन्धों को अनदेखा कर दिया है।

इस सन्दर्भ में 'चन्द्रकान्ता' और 'चन्द्रकान्ता संतति' पर भी विचार कर लेना चाहिए। पाठकों की जितनी बड़ी संख्या ने इनका स्वागत किया उतनी बड़ी संख्या ने किसी अन्य हिन्दी उपन्यास का नहीं किया। आचार्य शुक्ल ने लिखा है—"हिन्दी साहित्य के इतिहास में बाबू देवकीनन्दन का स्मरण इस बात के लिए हमेशा बना रहेगा कि जितने पाठक उन्होंने उत्पन्न किये उतने और किसी ग्रन्थकार ने नहीं।" खत्रीजी के लहरी प्रेस में चन्द्रकान्ता के पाठकों की अच्छी खासी भीड़ एकत्र रहती थी। खत्रीजी के प्रूफ पढ़ने के पहले पाठक उसे पढ़ लेते थे। इधर साहित्यिकों के नए मार्क्सवादी गिरोह में शामिल लोगों ने तिलस्मी उपन्यासों में राष्ट्रीयता और सामाजिकता भी खोज निकाली है। बालू में से तेल निकालना इसी को कहते हैं। सच तो यह है कि ये उपन्यास शुद्ध मनोरंजन की वस्तु थे। प्रेमचन्द को इनका विरोध करना पड़ा था। पाठक पैदा करने की दृष्टि से इनका चाहे जो मूल्य हो, युग-चेतना और साहित्यिक दृष्टि से इनका कोई मूल्य नहीं है। पाठकों ने इनका खूब स्वागत किया। पर इससे

उनका मूल्यांकन नहीं किया जा सकता।

सन् १८५७ में फ्लावयर का उपन्यास 'मादाम बोवरी' प्रकाशित हुआ जो दुनिया भर में काफी मशहूर हुआ। इसी वर्ष उसके मित्र फेय्दे का उपन्यास 'फैनी' भी प्रकाशित हुआ। एक वर्ष में उसके तेरह संस्करण प्रकाशित करने पड़े। उस समय 'मादाम बोवरी' के पाठकों की संख्या बहुत कम थी। पर कालान्तर में बोवरी दुनिया के श्रेष्ठ उपन्यासों में एक उपन्यास सिद्ध हुआ जब कि 'फैनी' का कहीं पता नहीं है। यह जरूरी नहीं है कि कोई कृति प्रारम्भ में बहुत से पाठक पैदा कर ले और उनके बीच समादृत हो। बहुत सी कृतियाँ जो प्रचलित साहित्यिक परम्परा और विचारधारा को तोड़ कर नए क्षितिजों का निर्माण करती हैं, वे पारंपरिक समाज में आदर नहीं पातीं। उनका पाठक-समाज धीरे-धीरे बनता है। निराला की कृतियों को विरोध का जबर्दस्त सामना करना पड़ा, किन्तु अब शायद इतना बड़ा पाठक समुदाय किसी आधुनिक हिन्दी कवि का न हो। निराला के खिलाफ रामचन्द्र शुक्ल जैसे दिग्गज आलोचक भी थे। आज के आलोचकों का क्या भरोसा? किसी बढ़िया कृति को घटिया या घटिया को बढ़िया सिद्ध कर देने में उन्हें कमाल हासिल है।

भवभूति अपने पाठक वर्ग से गम्भीर अर्थ में निराश थे। उहोंने थोड़ी व्यथा, थोड़ी तुनकमिजाजी और गहरे आत्मविश्वास के साथ लिखा है—

ये नाम केचिदिह नः प्रथयन्त्यवज्ञां
जानन्ति ते किमपि तान्प्रतिनैषयत्नः।
उत्पत्स्यतेऽस्ति मम तु कोऽपि समानधर्मा
कालो ह्यं निरवधिर्विपुला च पृथ्वी॥

'जो लोग मेरे काव्य का अनादर करते हैं, इसका कारण उन्हें ही मालूम होगा, उसके लिए मैंने यह प्रयत्न भी नहीं किया है। समय का अन्त नहीं है, पृथ्वी का विस्तार भी कम नहीं है। इसमें जो कोई मेरा समानधर्मा है या कभी होगा उसके लिए यह नाट्यरचना रूप यत्न समझना चाहिए।' स्पष्ट है कि उस समय के पाठकों ने भवभूति की रचना का स्वागत नहीं किया किन्तु कालान्तर में भवभूति की गणना श्रेष्ठ नाटककारों में हुई।

पुस्तकों के प्रचार-प्रसार में प्रकाशकों की बड़ी अहम भूमिका होती है। वस्तुत: संरक्षकों का स्थान प्रकाशनों ने ले रखा है। प्रकाशक पुस्तकों को प्रकाशित ही नहीं करते, बल्कि उनके वितरण के भी उनके अपने तरीके होते हैं। अच्छी पुस्तकें घटिया प्रकाशकों के यहाँ दीमक के हवाले हो जाती हैं। प्रतिष्ठित प्रकाशक घटिया पुस्तकों की भी बिक्री कर लेता है। पर अब प्रकाशन शुद्ध व्यवसाय हो गया है। हिन्दी के बहुत कम प्रकाशक हैं जो किताबों के न बिकने का रोना न रोते हों। सुरुचि सम्पन्न प्रकाशकों का अकाल पड़ गया है। इस धन्धे में, अन्य धन्धों की तरह, सुशिक्षित होने की कोई जरूरत नहीं है। अधिकांश पुस्तकों की बिक्री विश्वविद्यालयों, कालेजों के

पुस्तकालयों में होती है। या वे सरकार द्वारा थोक में खरीद ली जाती हैं। लेखक, प्रकाशक, पाठक का रिश्ता व्यावसायिक हो गया है। इसका असर लेखन पर पड़ा है और इनके पारस्परिक रिश्ते में दरार पड़ गयी है।

लेखक खास तरह के पाठकों के लिए लिखने लगा है—मुख्यत: कथा-लेखक। लिखते समय बिक्री पर उसकी नजर रहती है। इसका प्रभाव कृति की सम्पूर्ण संरचना पर पड़ता है। पाठकों का यह वर्ग लेखक की विषयवस्तु के चुनाव में अप्रत्यक्ष योग देता हैं। यही नहीं वह लेखक की भाषा, शैली, साहित्यिक विधा पर भी अपने को प्रक्षेपित करता है। इस वर्ग के बाहर रहने वाले लोग इसमें भाग नहीं ले पाते। किन्तु लेखक पृथक-पृथक दलों को प्रभावित करने की चेष्टा करता है। अत: उसकी भाषा अनेक प्रकार की रूढ़ियाँ 'रजिस्टर' करती हैं। आज के साहित्य की परीक्षा के लिए लेखक-प्रकाशक-पाठक के व्यावसायिक परिप्रेक्ष्य को नजर-अन्दाज नहीं करना होगा।

उपर्युक्त विवेचन से साहित्य के समाजशास्त्र की अनेक खामियाँ नजर आने लगती हैं। इसमें लेखक भी है, कृति भी और पाठक भी। पर कृति लेखक और पाठक की अन्त:क्रिया मात्र है? वह स्वयं अपने आप में क्या है, उसके आन्तरिक नियम क्या हैं, उसका सौन्दर्यात्मक पक्ष क्या है, अविवेचित रह जाते हैं। फ्रांसीसी लेखक ज्याँ डुविंगाड ने अपनी पुस्तक 'दी सोशियालोजी आफ आर्ट' में साहित्य के कलापक्ष को रेखांकित किया है, किन्तु लेखक-पाठक-प्रकाशक-आलोचक आदि की अन्त: क्रियाओं की चर्चा इस समाजशास्त्र में होती है। उसमें स्वयं साहित्य की स्थिति 'आउट साइडर' की रहती है और वह इस योजना में एकदम 'मिसफिट' है।

लेखक अपनी वर्गीय स्थिति, आर्थिक स्तर, पेशा आदि के कटघरे में बन्द प्राणी नहीं है। लेखक के जिस व्यक्तित्व का उल्लेख इस प्रणाली के तहत किया गया है उसमें उसकी स्वतन्त्रता गायब है। अब तो मार्क्सवादी समाजशास्त्री भी उसकी वैयक्तिकता और 'साइके' को स्वीकारने लगे हैं। लेखक सारी अन्तरक्रियाओं को अपने ढंग से आयत्त करता है। रचना का संसार वही नहीं होता जो उसके बाहर का संसार होता है। कला में वास्तविकता को रूपान्तरित कर दिया जाता है। किन्तु समाजशास्त्रीय अध्ययन को इस रूपान्तरण से कुछ लेना देना नहीं है।

अमरीकी समाजशास्त्र की तरह साहित्य का समाजशास्त्र भी मूल्य-मुक्त है। मूल्य मुक्तता की दिशा में आलोचना के अन्य सिद्धान्त भी कार्य कर रहे हैं। साहित्य को परिभाषित करते हुए स्कारपिट खुद कहता है कि "कोई कृति जो प्रकार्यात्मक नहीं है, अपने आप में साध्य है जो सांस्कृतिक और प्रयोजनातीत जरूरतों को पूरा करती है, साहित्य है।" तारीफ तो यह कि न वह कहीं साहित्य की स्वयं साध्यता की व्याख्या करता है और न प्रयोजनातीतता की। अत: उसका सारा विवेचन बहुत कुछ आंकड़ा, ग्राफ और डाकूमेंट्स बन कर रह जाता है।

इसके पास कोई ऐतिहासिक दृष्टि नहीं है। श्रेष्ठ साहित्य विशेष रूप से श्रेष्ठ कविता और आधुनिक जीवन के बीच स्पेस बढ़ता जा रहा है। इसके पहले दोनों के

बीच इतना अन्तराल न था। पूँजीवादी समाज-व्यवस्था में जहाँ पैसे के लिए गला-काट स्पर्धाएँ हैं वहाँ साहित्य-कला को पूछने का अवसर कहाँ है? पूँजीवाद का मायाजाल कुतूहल, जिज्ञासा, सपना, अवकाश, प्रेम आदि मानवीय सुन्दरताओं को फाँसता जा रहा है। हम प्राणिशास्त्रीय जरूरतों की ओर बढ़ते जा रहे हैं। जीवन गद्य होता जा रहा है। साहित्य के समाजशास्त्र को इन सपनों से कोई सरोकार नहीं है, क्योंकि उसके लिए साहित्य प्रयोजनातीत होता है। कोजर अपनी पुस्तक 'फंक्शन आफ शोसल काम्फ्लिक्ट' में कहता है कि 'साहित्य, नाटक, खेल आदि समाज की संरचनाओं को अखंड बनाये रखने के लिए अत्यन्त कारगर हैं।' यह सही है कि साहित्य से क्रान्ति नहीं हो सकती। पर आदमी को इन्सान बनाने तथा बेहतर समाज के निर्माण में योग देने की दिशा में यह अपनी महत्वपूर्ण भूमिका निभा सकता है और निभाता है।

जैसा कि इंगित किया जा चुका है साहित्य का समाजशास्त्र घटिया दर्जे की रचनाओं के लिए ज्यादा उपयोगी है। यही नहीं घटिया दर्जे की रचनाओं से ही उसके अभिप्राय की पुष्टि में मदद मिलती है। श्रेष्ठ रचनाओं में कई स्तर पर 'मिडिएशन' होता है जो इस प्रकार के समाजशास्त्रीय अध्ययन की पकड़ में नहीं आ सकता। साहित्य अपने देश-काल की सीमाओं का अतिक्रमण करता हुआ अन्यान्य कालों के लिए प्रासंगिक और प्रिय होता है। यह अध्ययन इसे नहीं छूता।

'साहित्य का समाजशास्त्र ' जिस रूप में हमारे सामने पेश किया जा रहा है वह साहित्य की समझदारी में कोई उल्लेख्य योग नहीं दे पाता। बल्कि हमारे साहित्यिक बोध को कुंद कर भोथरा बना देता है। शैलीविज्ञान और संरचनावाद की तरह समीक्षा को गुमराह करने की यह एक नई प्रणाली है।

इस ढंग के समाजशास्त्र पर विचार करते हुए निष्कर्ष रूप में माल्कम ब्रेडबरी कहता है—"सच्चाई यह है कि वस्तुतः साहित्य और समाजशास्त्र दुनिया के देखने के अलग-अलग ढंग हैं और यदि समाजशास्त्र एक ओर महत्वपूर्ण एवं पूर्णरूपेण चरितार्थ कलाकृतियों में अनुभव की संश्लिष्टता और पहचानने में हमारी मदद करता है तो दूसरी ओर वह लम्बे दौर में वैयक्तिक रचनाशीलता के हमारे बोध को नष्ट करने की ओर उन्मुख हो सकता है। इसलिए समीक्षा समीक्षाशास्त्र का लाभ तभी ले सकती है जब कि वह इस सम्बन्ध में जागरूक रहे कि हर महत्वपूर्ण लेखक और महत्वपूर्ण पुस्तक संभावनाओं को बदल कर और उनके सम्बन्ध में हमें नये सिरे से चेता कर परिवेश को एक गहरे और वास्तविक अर्थ में रूपान्तरित करती है। पर देखा यह गया है कि 'साहित्य का समाजशास्त्र' में साहित्य का सर्जनात्मक साक्ष्य नष्ट हो जाता है।"

■

मार्क्सवाद और साहित्यिक आलोचना

मार्क्स की दो आकांक्षाएँ थीं—शोषण मुक्त वर्गहीन समाज की स्थापना और सम्पूर्ण मनुष्य की परिकल्पना। पहला साधन है, दूसरा साध्य है। इसे कार्य-कारण का सम्बन्ध भी कहा जा सकता है। पहला सही ढंग से जीने की ज़मीन तैयार करता है तो दूसरा स्वयं जीने का सुख है। वर्ग-विभाजित समाज में सम्पूर्ण मनुष्य की कल्पना वैसी ही है जैसी बुर्जुआ संसदीय प्रणाली में गरीबी दूर करने की छद्म घोषणा। पूँजीवादी व्यवस्था के पहले वर्गों के बीच इतनी चौड़ी खाइयाँ न थीं और न वे अजनबी होने तथा पदार्थीकृत बनने की स्थिति में थे। मार्क्स ने देखा कि पूँजीवादी व्यवस्था अव्याहत गति से मनुष्यता को पददलित, असहाय और निर्वीर्य बनाती चली जा रही है। उसने इस व्यवस्था को समाजवादी व्यवस्था में यानी वर्गहीन समाज में बदलने के लिए एक वैज्ञानिक पद्धति अन्वेषित की। इस व्यवस्था में ही मनुष्य शोषण से मुक्त होकर, आधे-अधूरे रूप में नहीं, पूरे रूप में,पूरी समग्रता में जीने की दिशाएँ तलाश कर सकता है। कहना न होगा कि कला और साहित्य समग्र मनुष्य के महत्वपूर्ण आयाम हैं।

आर्थिक सामाजिक विषमताओं तथा पूँजीवाद के मायाजाल को काटने में तन, मन, बुद्धि और कर्म से बुरी तरह उलझा हुआ भी वह साहित्य और कला सम्बन्धी अपने रुझान को कभी भी विस्मृत नहीं कर सका। इनके अभाव में मनुष्य आधा-अधूरा होकर रह जायेगा। उसके जीवन की शुरुआत कवि-कर्म से होती है। शोषण के नागफांस में बँधी मनुष्यता को बन्धन मुक्त करने की गहन संवेदना सच्चे कवि-मानस में ही प्रादुर्भूत हो सकती है। मार्क्स से बढ़कर संवेदनशील कौन होगा?

उसकी कविताएँ रोमांटिक थीं; इसका एहसास उसे खुद था। न तो रोमांटिक होना बुरा है और न वैसी कविताएँ लिखना बशर्ते की रोमांस अपाच्य होकर रोग न बन जाये। वह पत्रकार भी था। नाटक देखने का बेहद शौकीन था। वह एक 'कामिक' उपन्यास भी लिख रहा था जो अधूरा रह गया। 'कैपिटल' लिखने के बाद वह बालज़ाक पर एक आलोचनात्मक प्रबन्ध भी लिखना चाहता था। 'सौन्दर्यशास्त्र' पर अलग से ग्रन्थ लिखने की योजना थी। मार्क्स का मित्र एंगिल्स तो कवि-जीवन व्यतीत करने के लिए गम्भीरता पूर्वक सोच रहा था किन्तु इन कार्यों को हाथ में लेने के पहले ही वह मौत के हाथ आ गया था। सबसे दिलचस्प बात तो यह है कि ब्रूसेल्स में उसने एक श्रमजीवी संघ खोल रखा था। वहाँ पर वह सप्ताह में एक दिन कामगरों से साहित्य और कला के सम्बन्ध में बातें करता था, उन्हें प्रशिक्षित करता था। वह जानता था कि मनुष्य की बुनियादी पशुता को मनुष्यता में रूपान्तरित करने के लिए कला एक कारगर हथियार है। इसके बिना मानवीय जीवन में पूर्णता आ ही नहीं सकती। हमारे

यहाँ ठीक ही कहा गया है—'साहित्य संगीत कला विहीनः साक्षात् पशु-पुच्छ-विषाण हीनः ।'

यह सब होने के बावजूद मार्क्स ने 'साहित्य और कला' के सम्बन्ध में अपने विचारों को स्फुट रूप में अभिव्यक्त किया है। जिस तरह अन्य बहुत से विचारों में ऐंग्ल्स मार्क्स का सहयोगी रहा है उसी प्रकार साहित्य और कला सम्बन्धी मार्क्सीय विचारों में भी उसका योग महत्वपूर्ण है। उनके विचारों के आधार पर ही मार्क्सवादी सौन्दर्यशास्त्र विकसित किया जा रहा है। अभी भी वह विकास की प्रक्रिया में है। इस विकास में कई पीढ़ियों का योगदान है, विशेषतः लेनिन और उसके समकालीन पीढ़ी का और फ्रैंकफर्ट स्कूल तथा अन्य लोगों का। लेनिन, प्लेखानोव, ट्राट्स्की, स्टालिन आदि एक पीढ़ी में आयेंगे तो लूकाच, सार्त्र, बाल्टर बेंजामिन, मारकूजे, फिशर, लूसिएँ गोल्डमान, राबर्ट बाइमन, एडोर्नो, मैनहाइम आदि दूसरी पीढ़ी में। जाहिर है कि एक राजनयिकों की श्रेणी है तो दूसरी दार्शनिकों-विचारकों-आलोचकों की। असल में दूसरी पीढ़ी के लोगों ने ही मार्क्स की मूलभूत मान्यताओं के आधार पर मार्क्सवादी सौन्दर्यशास्त्र गढ़ने की कोशिश की है।

उनमें आपस में गहरा मतभेद है। वे एक दूसरे से असहमत होते हुए, विरोध करते हुए, काटते-पीटते और सहमत होते हुए इस दिशा में काफी दूर तक यात्रा कर सके हैं। वस्तुतः आत्मनिरीक्षण और आत्मालोचन द्वारा ही हम किसी बुद्धि संगत निष्कर्ष पर पहुँच सकते हैं। मार्क्सवादी समीक्षा के पिटे-पिटाये मुहावरों और रेखीय प्रगति का विरोध स्वयं सोवियत रूस और चीन में होने लगा है। कलात्मक मूल्यों के वैज्ञानिक आकलन के लिए लू-शुन ने नये सौन्दर्य शास्त्रीय प्रतिमानों की माँग की थी।

जिन सारे मुद्दों को लेकर लोगों में बहस होती रही है हम अपने को उन्हीं तक सीमित रखना चाहेंगे। ये मुद्दे चार हैं—१. आधार, अधिरचना और साहित्य, २. वस्तु-रूप की द्वन्द्वात्मकता, ३. प्रतिबद्धता और ४. सौन्दर्य बोध की समस्या।

आधार आर्थिक संरचना है। अधिरचना उसका उत्पादन है। इसके अन्तर्गत कानून, राज्य, राजनीति और विचारधारा को शामिल किया जाता है। साहित्यसंस्कृति, कला आदि विचारधारा के अन्तर्गत आते हैं। यद्यपि अधिरचना आर्थिक संरचना का उत्पादन है फिर भी अधिरचना उलट कर आधार को भी प्रभावित करती है (देखिए, एंग्ल्स का पत्र ब्लाक के नाम) दोनों में द्वन्द्वात्मक संबन्ध है। साहित्य विचारधारा है। लेकिन विचारधारा क्या है? स्वयं मार्क्स ने इसे व्याख्यायित नहीं किया है। फ्रांस के संरचनाचारियों ने इस पर विस्तारपूर्वक विचार किया है फिर भी यह काफी अस्पष्ट है। सामान्यतः यह एक प्रकार की सामाजिक चेतना है जो एक खास आर्थिक संरचना के मेल में होती है। साहित्य और विचारधारा के सम्बन्धों की जटिलता को लेकर अनेक प्रश्न उठाये गये हैं और अब भी उठाये जा रहे हैं।

इन सम्बन्धों की मोटे तौर पर तीन कोटियाँ हो सकती हैं: १. साहित्य कलात्मक रूप में विचारधारा के अतिरिक्त और कुछ नहीं है अर्थात् वह अपने समय की

विचारधारा की अभिव्यक्ति मात्र है। २. साहित्य अपने समय की विचारधारा का अतिक्रमण करता हुआ उन तत्वों पर प्रकाश डालता है जिन्हें विचारधारा छिपाए रखती है। ३. काव्य या साहित्य विचारधारा का रूपान्तरण करता हुआ वास्तविकता का संवेदनात्मक साक्षात्कार करता है।

पहला मत फूहड़ समाजशास्त्रियों का है। दूसरा मत अन्स्र्ट फिशर का है और तीसरा, अलथूसर, मैकेरेरे और टेरी एग्लिटन का है। पहला मत इतना दुराग्रहपूर्ण और साम्प्रदायिक है कि सर्वथा अविचार्य है। तीसरे मत में केवल विचारधारा के रूपान्तरण की बात कही गयी है। यह मत भी विचारधारा के बाहर नहीं जाता। थोड़े संशोधन के साथ फिशर के मत की स्वीकृति में अधिक सम्भावनायें हैं। उसे यों रखा जा सकता है कि कलात्मक रूप में साहित्य अपने समय की विचारधारा का अतिक्रमण करता हुआ उन तत्वों पर प्रकाश डालता है जिन्हें विचारधारा छिपाये रखती है।

विचारधारा किसी वर्ग की क्यों न हो वह अपने आवरण में अन्तर्विरोधों को छिपाये रखती है। साहित्य का यथार्थ इन अन्तर्विरोधों की पहचान में निहित है। इसी में कवि-व्यक्तित्व का भी अन्तरभाव हो जाता है। इस सम्बन्ध में रामविलास शर्मा का मत भी देख लेना चाहिए। उन्होंने लिखा है—''कला का सम्बन्ध विचारों के साथ-साथ मनुष्य के इन्द्रिय-बोध और उसके भावों से भी है। विचारों की व्यंजना भाषा के बिना नहीं हो सकती। तब वे ललित कलाएँ, जिनमें भाषा का प्रयोग नहीं होता, विचारधारा के रूपों में कैसे गिनी जा सकती हैं? साहित्य भी शुद्ध विचारधारा का रूप नहीं है, उसका भावों और इन्द्रियबोध से घनिष्ठ सम्बन्ध है। इससे स्पष्ट है कि ललित कलाओं को विचारधारा के रूपों में गिनना सही नहीं है।'' शर्माजी का विचार कट्टर मार्क्सवादियों के गले नहीं उतरता। वे मार्क्स के उद्धरणों द्वारा सिद्ध करना चाहते हैं कि मार्क्स विचारधारा में इन सभी बातों का सन्निवेश कर लेता है। यह कुछ वैसा ही है जैसा वेदों में हवाई जहाज-निर्माण-कला को खोज निकालना।

शर्माजी साहित्य और कला को विचारधारा का रूप नहीं मानते, साहित्य को शुद्ध विचारधारा नहीं कहते। साहित्य विचारधारा से या समसामयिक चेतना से बद्ध होकर भी मुक्त होता है। केवल विचारधारा होकर साहित्य 'रिडक्शननिस्ट' हो जायेगा। साहित्य की वास्तविकता उसकी बद्धता में है और साहित्यिकता इस बद्धता से मुक्त होने में है।

इस सन्दर्भ में शुक्लजी का स्मरण अप्रासंगिक नहीं होगा। शुक्ल जी ने विचारधारा (आधुनिक अर्थ में नहीं) का पल्ला कहीं नहीं छोड़ा है। पर उनकी दृष्टि भाव केन्द्रित है। इससे भ्रम न होना चाहिए कि वे शुद्ध साहित्य के समर्थक हैं। वे भाव-केन्द्र से लोकमंगल की परिधि तक आते हैं और परिधि से केन्द्र की ओर लौट जाते हैं। गोचर जगत परिधि है तो भाव या अनुभूति केन्द्र। उनका कहना है : ''काव्य में अर्थ ग्रहण मात्र से काम नहीं चलता, बिम्ब ग्रहण अपेक्षित होता है। 'बिम्ब' में इन्द्रियबोध और भावबोध दोनों होते हैं। बिम्ब निर्माण पर युगीन विचारधारा का स्पष्ट प्रभाव पड़ता

है।'' इस दृष्टि से छायावादी काव्य-बिम्बों का अध्ययन अत्यन्त रोचक हो सकता है। सच तो यह है कि विचारधारा बौद्धिक प्रस्तुति है तो काव्य मूलतः रागात्मक प्रस्तुति। तीव्र भावना, अच्छी अनुभूति और भावुकता के लिए विचारधारा में कोई स्थान नहीं है। इसीलिए साहित्य की सापेक्षिक स्वतन्त्रता स्वीकार की गयी है।

फिर भी साहित्य को विचारधारा (अधिरचना) से एकदम पृथक नहीं किया जा सकता। आर्थिक आधार के बदलने से अधिरचना भी कमोवेश बदलती ही है। लेकिन साहित्य ऐसा नहीं बदलता कि पहचान के परे हो जाये जब कि कानून, राजनीति, राज्य के साथ ऐसा होता है। इसे चाहे आप साहित्य की शाश्वतता कह लें या रचनात्मक तन्त्र का अपना आन्तरिक नियम। स्वयं मार्क्स ने इस प्रश्न को उठाया है जिसका विवेचन सौन्दर्य खंड में किया जायेगा।

इसमें सन्देह नहीं कि विचारधारा और साहित्य का जटिल सम्बन्ध है तथा साहित्य और आधार का जटिलतर। सम्बन्धों का उद्घाटन समाजशास्त्रीय हो सकता है किन्तु उसे साहित्य-समीक्षा नहीं कहा जा सकता। क्योंकि इस विश्लेषण से साहित्य का रूप जो साहित्य को साहित्य बनाता है अविश्लेषित रह जाता है, किन्तु केवल रूप का विवेचन समीक्षा को वस्तुहीन रूपवाद तक घसीट ले जाता है। कला को ऐकांन्तिक महत्व देने का अर्थ है सौन्दर्यशास्त्रीय क्रीड़ा को महत्व देना। हीगेल का कहना है 'रूप का वस्तु में रूपान्तरण वस्तु और वस्तु का रूप में रूपान्तरण रूप है।'

प्रश्न होता है कि वस्तु पहले है या रूप। वस्तुतः दोनों में कोई न पहले है न बाद में। दोनों एक साथ हैं। 'गिरा अरथ जल बीचि सम कहियत भिन्न न भिन्न।' 'वागार्थौ सम्पृक्तौ।' वस्तु आदि से अन्त तक रूप है और रूप आदि से अन्त तक वस्तु। वस्तु (वसतोति) रूप में आद्यन्त विराजमान रहती है। यदि वस्तु रूप के पहले कोई चीज है तो वह विषय है। रचनात्मक प्रक्रिया में विषय ही वस्तु बनता है। पर प्रक्रिया के दौरान वस्तुरूप को और रूप वस्तु को प्रभावित करते चलते हैं।

वस्तु को रूप से निचोड़ कर अलग नहीं किया जा सकता है। जो इसे नीबू की तरह निचोड़ कर कृति का अर्थापन या पैराफ्रेंज करते हैं वे अर्थापन के नाम पर कृति को ही नष्ट कर देते हैं। अध्यापन के लिए यह सुविधाजनक हो सकता है, लेकिन सही समीक्षा के लिए आपत्तिजनक होगा। जेम्सोन ने 'मार्क्सिज्म एण्ड फार्म' में स्पष्ट लिखा है कि बालजक के यथार्थ को समझने के लिए उसके रूप को समझना ही होगा। रूप-निर्बन्ध अर्थापन कृति के पाठ (टेक्स्ट) से कम कहेगा अथवा उससे अधिक कहेगा।

साहित्य के इतिहास में रूपों का निरन्तर परिवर्तन होता रहता है। रूप परिवर्तन इस तथ्य का संकेत है कि वस्तु भी परिवर्तित हो गयी। लेकिन रूपात्मक परिवर्तन क्यों होता है? ऐतिहासिक विकास की एक मंजिल पर एक रूप होता है और दूसरी मंजिल पर दूसरा। विषय वस्तु एक ही रहने पर भी वस्तु-रूप में परिवर्तन हो जाता है। वाल्मीकि और तुलसीदास का विषय एक ही है, पर दोनों के काव्यवस्तु और रूप में परिवर्तन आ गया है। मैथिलीशरण के साकेत का विषय वाल्मीकि और तुलसी के

विषय से भिन्न नहीं, लेकिन साकेत की वस्तु भी भिन्न है रूप भी। इतिहास की बदलती हुई मंजिल पर लेखक के दृष्टिकोण में परिवर्तन आ जाता है। उसकी विश्वदृष्टि बदल जाती है। अत: लाजिमी है कि उसके वस्तु-रूप में भी अपेक्षित परिवर्तन् हो। कुछ दिन पहले मार्क्सवादी आलोचना में रूप की खिलाफत की जाती थी। लेकिन अब यह कहा जाने लगा है कि प्रतिक्रियावादी लोग पुराने रूपों में परिवर्तन नहीं चाहते। पर नये युग में नये परिवर्तन के लिए हर तरह के पुराने रूपों को तोड़ना पड़ता है। साहित्य इसका अपवाद नहीं है। छन्द-बन्द में हिन्दी समाज यथा-स्थिति में आ गया था। स्वच्छंदतावादी युग में छन्द के बन्धन को तोड़कर समाज की जड़ता को भी तोड़ा गया। हर जागरूक कलाकार रूपान्वेषण करता है—चाहे निराला हो या ब्रेश्ट।

लेकिन रूपान्वेषण क्यों? इसके साथ एक खतरा भी लगा रहता है कि कहीं रूपान्वेषण प्रयोगवाद की ओर तो नहीं जा रहा है। उद्देश्यहीनता का ही दूसरा नाम है प्रयोगवाद या कला के लिए कला। रूपान्वेषण एक सामाजिक आवश्यकता को छोड़ देने पर रूपात्मक प्रयोग या तो शब्दाडम्बर में बदल जायेगा या रहस्यवाद में।

आलोचना में रूपतत्व का महत्व अत्यधिक है, क्योंकि आलोचना का महल इसी नींव पर टिका हुआ है। रूप वैलक्षण की पकड़ वस्तु या समाजिक अर्थवत्ता की पकड़ है। वस्तु वही नहीं है जो काव्य में प्रत्यक्षत: उपस्थित होती है—इससे ज्यादा वह वक्रत: उपस्थित होती है यानी बिम्बों, प्रतीकों, प्रविधियों, शैलियों आदि में। रूप में उपस्थितियों के साथ-साथ अनुपस्थितियाँ या रिक्तताएँ भी होती हैं। रूपात्मक संघटना में बीच-बीच में दरारें होती हैं, मौन होते हैं, अवकाश (स्पेस) होते हैं। भावों और विचारों के अनेक तत्व इनमें छिपे रहते हैं। आलोचक का कर्तव्य है कि इन रिक्तताओं को भरे। रूप की इन विशेषताओं पर मार्क्सवादी समीक्षा का ध्यान गया है और वह धीरे-धीरे पूर्णता की ओर अग्रसर हो रही है।

प्रतिबद्धता का सामान्य अर्थ है शोषित और पीड़ित की पक्षधरता। जिस साहित्य में पीड़ितों और शोषितों के हक की हिमायत की जाती है, उनके संघर्ष का चित्रण होता है, वह प्रतिबद्ध साहित्य है। स्टालिन के जमाने में पार्टी की नीतियों के परे कुछ भी नहीं था। उस समय जिस 'प्रोटेकुल्ट' की स्थापना की गयी उसका लक्ष्य था एक सर्वहारा संस्कृति की सृष्टि। 'प्रोटेकुल्ट' ने पारम्परिक संस्कृति को नष्ट करने की घोषणा की। मायकोव्स्की का नारा था—'बर्न रैफल'। सन् १९२८ में बोलशेविक पार्टी ने निश्चय किया कि लेखकों को पार्टी-नीतियों का समर्थन करना चाहिए। सन् १९३४ में गोर्की ने 'समाजवादी यथार्थवाद' जैसे सिद्धांत की घोषणा की जिसके अनुसार साहित्य को क्रान्तिकारी, पक्षधर, टेंडेंशस, आशावादी और भविष्योन्मुखी होना चाहिए। अप्रतिबद्ध लेखक की जमकर खिलाफत हुई। रांडेस के एक लेख में ज्वायस की कृतियों को कीड़ों भरा गोबर कहा गया। ट्राट्स्की के इस मत का विरोध किया गया कि 'कला सामाजिक उत्पादन होते हुए भी काफी हद तक स्वायत्त है।' लूकाच ने भी एक

लेख 'टामसमान या काफ्का' में टामसमान को आदर्श बनाने की सिफारिश की और काफ्का को घोर प्रतिक्रियावादी लेखक कहा।

यह सब मार्क्सवाद के नाम पर किया गया। स्मरण रखना चाहिए कि स्वयं मार्क्स-एंग्लिस कला की सापेक्षिक स्वतन्त्रता के पक्षपाती थे। एसकिलस, शेक्सपियर, ग्वेटे मार्क्स के प्रिय लेखक थे। इनमें से कोई भी क्रान्तिकारी नहीं था। एंग्लिस ने कौत्सकी के नाम एक पत्र (१९२८) में लिखा था कि वह राजनीतिक उपन्यास का विरोधी नहीं है बशर्ते कि वह खुले तौर पर पक्षधरता का कायल न हो। जाहिर है कि इस तरह की पक्षधर रचनाएँ उच्चकोटि की साहित्यिक कृतियों में परिगणित नहीं हो सकतीं। कुछ लेखकों के विचार से लेखक सिर्फ अपनी कला के प्रति प्रतिबद्ध होता है। यह पुन: कला के लिए कला की ओर ढकेल देता है। अत: लेखक को सामयिक प्रगतिशील चेतना और कला के प्रति एक साथ प्रतिबद्ध होना होगा।

'ग्वेरिनिका' पिकासो का प्रसिद्ध चित्र है, प्रतिबद्ध कला है। पर सार्त्र को यह श्रेष्ठ कला का नमूना नहीं मालूम पड़ता। वह पूछता है कि इस चित्र को देखकर कितने लोग स्पेनी युद्ध में शामिल हुए। यह तो स्पष्ट है कि साहित्य के माध्यम से क्रान्ति नहीं हो सकती और न तो समाज को ही बदला जा सकता है। हाँ, इतना अवश्य है कि इससे समाज को सामाजिकता में परिवर्तन लाने में मदद मिल सकती है।

प्रश्न होता है कि शब्देतर कलाओं से भी क्या इसी तरह की आशा की जा सकती है? भारतीय क्लासिकल संगीत और नृत्य जो शुद्ध रूप हैं उन्हें प्रतिबद्ध कैसे किया जा सकता है? तो क्या प्रतिबद्धता को केवल साहित्य तक ही सीमित करना होगा? शेष कलाएँ इससे मुक्त हो जाएँगी। 'साहित्य क्या है' मैं अपने एक मित्र का हवाला देते हुए सार्त्र लिखता है कि प्रतिबद्ध लेखक सबसे निकृष्ट लेखक होते हैं। सम्भवत: वह संकीर्ण अर्थ में प्रतिबद्धता का विरोध कर रहा था।

सच तो यह है कि प्रतिबद्धता का सवाल राजनीतिक सन्दर्भों में ही मुख्य रूप से उठता है। स्पष्ट राजनीति और कला का सम्बन्ध नहीं हो सकता, इसके सम्बन्ध में वैमत्य नहीं है। पर क्या राजनीति को साहित्यिक मूल्यांकन के लिए प्रतिमान के रूप में माना जा सकता है? उसका उत्तर नकार में होगा। ब्रेश्ट को ही लें। क्या ब्रेश्ट की श्रेष्ठता राजनीतिक प्रतिबद्धता में है? वास्तविकता यह है कि उसकी प्रखर बौद्धिकता और कलात्मक शक्ति जनवादी लोकतन्त्र के सरकारी सौन्दर्यशास्त्र को पार कर जाती है। लेकिन इसके साथ यह भी उतना ही सच है कि राजनीति के अभाव में वे इतने शक्तिशाली नहीं बन सकते थे।

गलत राजनीति को उपजीव्य के रूप में लेकर साहित्य नहीं लिखा जा सकता। सार्त्र ने 'क्यों लिखा जाय' में लिखा है कि 'ऐंटी सेमिटिज्म' की प्रशंसा में अच्छा उपन्यास नहीं लिखा जा सकता। इस पर टिप्पणी करते हुए एडोर्नो कहता है कि 'मास्को ट्रायल' के पक्ष में भी अच्छा उपन्यास नहीं बन सकता। इसी के साथ यह प्रश्न भी लगा हुआ है कि सही और गलत राजनीति क्या है? जिस राजनीति में बेहतर

समाज बनाने में मदद न मिलती हो वह गलत राजनीति है। गान्धीवादी राजनीति की प्रगतिशील भूमिका को नकारना गलत राजनीति है, किन्तु हृदय-परिवर्तन की राजनीति का समर्थन भी गलत है। प्रेमचन्द के उपन्यासों-कहानियों में जहाँ हृदय परिवर्तन का समर्थन किया गया है वहीं उनका सौन्दर्यशास्त्रीय ढाँचा ही नहीं चरमरा गया है, उनका कथ्य भी अविश्वसनीय हो उठा है।

लेकिन बहुत से ऐसे साहित्यकार हैं जो राजनीतिक अर्थ में प्रतिबद्ध नहीं हैं। फिर भी वे श्रेष्ठ साहित्यकार हैं—प्रतिबद्ध साहित्यकारों से कहीं अधिक बेहतर, विश्वसनीय और कलात्मक। कापका और बेकट मार्क्सवादियों के लिए निन्दनीय रहे हैं, किन्तु जब लूसिएँ गोल्डमान ने उन्हें श्रेष्ठ यथार्थवादी साहित्यकार घोषित किया तो पुरानी मान्यताओं पर पानी फिर गया। युद्धोत्तर जीवन के मानवीय संकट का उनसे बेहतर चित्रकार कौन होगा? गोल्डमान तो सराउते, राब्बगिए, मुसिल आदि को भी युद्धोत्तर अजनबियत और पदार्थीकरण का अद्भुत यथार्थवादी चितेरा कहता है जब कि साइमन दी बोआ उन्हें बेझिझक प्रतिक्रियावादी कहती है। ऐसी स्थिति में प्रतिबद्ध साहित्य पर पुनर्विचार की जरूरत है।

कला की मूलभूत विशेषता उसके सौन्दर्य में निहित है। कला की वह कौन सी विशेषता है जो अपनी ऐतिहासिक मंजिल के पार भी हमें आकृष्ट करती है? मार्क्स ने इस सवाल को खुद उठाया है। यूनानी कलाकृतियाँ और महाकाव्य इतिहास की एक विशिष्ट मंजिल पर प्रादुर्भूत हुए। इतिहास विकास की अनेक मंजिलें पार कर चुका है। फिर भी वे कृतियाँ हमें आकृष्ट करती हैं। मार्क्स उत्तर देता है कि वह इतिहास के विकास की शैशवावस्था है। वह कभी फिर लौट कर नहीं आ सकती। उस अवस्था की अनुभूति हमें आकृष्ट करती है। मार्क्स का यह उत्तर काफी असन्तोषजनक है और इसका काफी विरोध हुआ है। इसमें कोई सन्देह नहीं कि वे कृतियाँ इतिहास के प्रारम्भिक मंजिल पर सर्जित हुईं और उन्हें पुनः दुहराया नहीं जा सकता। लेकिन उनमें निहित आकर्षण सौन्दर्य है। पर वह सौन्दर्य क्या है?

सौन्दर्य के सम्बन्ध में कुछ बातों का उल्लेख 'सौन्दर्यशास्त्र और आलोचना' में किया गया है। यहाँ पर उन्हें दुहराना हमारा अभीष्ट नहीं है। पर सौन्दर्य में पर्युत्सकीकरण की योग्यता होती है। जैसा कि कालिदास ने कहा है। संस्कृत के आचार्यों ने कला को अविचारित रमणीय यों ही नहीं कहा है। कला देखने मात्र से द्रष्टा के मन-प्राणों को अनोखे ढंग से प्रभावित करती है। ल्यू चाएफू ने अपने एक निबन्ध 'साहित्य और कला समीक्षा के सौन्दर्य शास्त्रीय प्रतिमान' में लिखा है "यह सच है कि जब लोग किसी सुन्दर प्रतिमा को देखते हैं या साहित्य की कोई शानदार कृति पढ़ते हैं तो अक्सर वे बिना सोचे प्रशंसा में अभिभूत हो जाते हैं। सुन्दरता का सुख एक झटके में पैदा किया जा सकता है। सौन्दर्य के आस्वादन का इस प्रकार का सुख और विचार बहुत ज्यादा सोचने की उपज नहीं है, न ही यह संकीर्ण व्यक्तिगत उपयोगितावादी जोड़-तोड़ से ही जुड़े रहते हैं। यह अन्तर्ज्ञान से पैदा हुआ प्रभाव है।'

यह अन्तर्ज्ञान एक सीमा तक ही व्यक्ति की स्वर्गीय स्थिति, अनुभव, प्राणिशास्त्रीय बनावट और व्युत्पत्तिमूलक ज्ञान पर निर्भर करता है।

पर मार्क्सवादी सौन्दर्यशास्त्र साहित्य के सामाजिक पक्ष या शोषित की पक्षधरता को लेकर चलेगा। वह यह मानता है कि कला के लिए सुन्दर होना अनिवार्य है। इसके अभाव में कला अपना निजी स्वरूप खो देगी। लू शुन प्रचार और शिक्षा के क्षेत्र में कला की उपयोगितापरक प्रवृत्ति को स्वीकार करता है, किन्तु उसने स्पष्ट रूप से कहा है कि उसे सौन्दर्य के चौखटे में रहना होगा। उसका यह भी कहना है कि जो लोग कविता को बुद्धिविलास का दर्शन मानते हैं वे कविता के दुश्मन हैं। यहाँ तक तो सभी सौन्दर्यशास्त्रीय एकमत हैं। मार्क्सवादी समीक्षा की सौन्दर्यात्मक अवधारणा कुछ अलग है। किन्तु इससे यह न समझना चाहिए कि वह कुछ ऐसे नुस्खे पैदा कर देगी जिनसे सौन्दर्य की समस्या हल हो जायेगी। लेनिन का यहाँ तक कहना है कि 'इस बात का सवाल ही नहीं उठता कि साहित्य को यान्त्रिक रूप से प्रस्तुत किया जाये।'

सर्जित हो जाने के बाद साहित्य एक ठोस वस्तु हो जाता है। इसीलिए कला को वस्तुनिष्ठ माना जाता है। भाववादी विचारकों ने उसे आत्मनिष्ठ कहा है और अर्धभाववादी सौन्दर्य को कला और द्रष्टा के पारस्परिक सम्बन्धों में देखते हैं। मार्क्सवादी साहित्य और कला की वस्तुनिष्ठ सत्ता मानता है। ठेठ रसवादी काव्यकृति के परे ब्रह्मानन्द का आस्वाद करने लगता है। आचार्य शुक्ल सौन्दर्य को वस्तुनिष्ठ मानते हैं। सौन्दर्य के आत्मनिष्ठ सिद्धान्त के विरोध में वे लिखते हैं—'जैसे वीरकर्म से पृथक् वीरत्व कोई पदार्थ नहीं, वैसे ही सुन्दर वस्तु से पृथक् सौन्दर्य कोई पदार्थ नहीं।' फूल द्रष्टा को देखने का इन्तजार नहीं करता। उसे देखकर प्रसन्नता होती है। यदि प्रसन्नता न हो तो द्रष्टा की डाक्टरी जाँच करानी चाहिए। अपेक्षित जमीन, अनुकूल मौसम, विशिष्ट कालावधि में वह खिलेगा। उसकी वस्तुनिष्ठ सत्ता है। यदि उसे अच्छी ज़मीन, बेहतर मौसम मिले तो अपेक्षाकृत कम कालावधि में बेहतर ढंग से खिलेगा। पर साहित्य और कला की स्थिति प्राकृतिक सौन्दर्य से भिन्न होती है। प्राकृतिक सौन्दर्य अपने मौसम के बाद नष्ट हो जाता है, किन्तु कला एक बार निर्मित होकर स्थायी हो जाती है। मौसम बदलता है इतिहास की मंजिलें परिवर्तित होती हैं पर रामचरितमानस वही रहेगा। इतिहास की दूसरी मंजिल पर—विकसित मंजिल पर—मानस नहीं दुहराया जायेगा, निर्मिति का रूप कुछ दूसरा होगा। पर नई निर्मिति के फलस्वरूप मानस को देखने का नजरिया बदल जायेगा।

'सौन्दर्य' शब्द सुन्दर वस्तु की बाह्य विशेषताओं का संकेत करता प्रतीत होता है। शुक्लजी ने, इसीलिए, रमणीयता को अधिक सार्थक कहा है। पण्डितराज जगन्नाथ ने 'शब्दार्थौसहितौ काव्यम्' से अलग हट कर 'रमणीयार्थ प्रतिपादकः शब्दः काव्यम्' कहा। इसमें मन को रमा लेने की शक्ति होती है। इसी को संस्कृत के आचार्यों ने 'सौभाग्य' कहा है। रूप में 'सौभाग्य' तत्व का होना अनिवार्य है।

रूप का सम्बन्ध प्रत्यक्षीकरण से है। शुक्लजी ने इसका स्पष्ट उल्लेख किया है। लू शुन, और प्लेखनोव का भी कहना है कि 'सौन्दर्य के उपभोग की विलक्षणता उसकी प्रत्यक्षता में निहित है। रूप में टेढ़ीमेढ़ी आकारहीन वस्तु को सौन्दर्यमूलक व्यवस्था मिलती है और कलागत इस व्यवस्था को सहृदय सर्वप्रथम इन्द्रिय-सन्निकर्ष से अनुभूत करता है। सौन्दर्य की इस टकराहट से द्रष्टा में भाव के स्फुलिंग फूटते हैं। कोई चाहे तो भाव के स्थान पर 'संवेदना' का प्रयोग कर सकता है। कला वही होती है किन्तु द्रष्टा अपने व्यक्तित्व-संस्कार, प्राणिशास्त्रीय संरचना, वर्गीय स्थिति आदि--के कारण कला की सौदर्यानुभूति को विशिष्ट ढंग से अनुभूत करता है। साहित्य की सौन्दर्यानुभूति रमणीयता के आगे भावों को भी समेटती चलती है।

शुक्लजी सौन्दर्यानुभव को जीवनानुभव से पृथक् नहीं मानते। प्राकृतिक सौन्दर्य में जीवनानुभव नहीं होता। उस पर जीवनानुभव का प्रक्षेपण किया जाता है। किन्तु चूँकि साहित्य भाषा में होता है और भाषा को समाज में अग्रिम रूप से अर्थ मिला रहता है, इसलिए उसे जीवनानुभव से सम्पृक्त होना पड़ता है। सौन्दर्य का स्पर्श पाकर जीवनानुभव रमणीय हो जाता है। जीवनानुभव सौन्दर्यपरक रूपात्मकता में बद्ध होकर सांसारिक जीवनानुभव से भिन्न हो जाता है, ऐसा भी भिन्न नहीं कि पहचाना ही न जा सके।

रूप की संघटना एक विशेष ऐतिहासिक परिप्रेक्ष्य में होती है। किन्तु उसका सौन्दर्य पक्ष उस ऐतिहासिक परिप्रेक्ष्य के पार जाकर हमारे भावबोध को जागरित करता है। समाजशास्त्र बड़े ही भोड़े ढंग से उस रचना के आधार पर तत्कालीन समाज की संरचना खोज निकालता है। मार्क्सवादी समीक्षा न इतिहास को छोड़ सकती है और न सौन्दर्य को। वह सौन्दर्य के सन्दर्भ में ही इतिहास को ग्रहण करेगी। पर इसे लेकर बहुत सारे सवाल उठाए गये हैं। प्रतिबिम्ब सिद्धान्त (रिफ्लेक्शन थ्योरी) को पूरे तौर पर अस्वीकार कर दिया गया। पर इतिहास या विचार धारा और साहित्य के सम्बन्धों को देखते हुए सबसे बड़ा खतरा न्यूनीकरण (रिडक्शन) से है। टेरी एग्लिटन की 'क्रिटिसिज्म और आइडियोलाजी' में विरोध 'रिडक्शनिज्म' का किया गया है पर अन्तत: उसका समापन 'रिडक्शनिज्म' में होता है। विगत के साहित्य पर विचार करते समय अत्यधिक सावधान रहने की जरूरत है अन्यथा कालिदास और तुलसीदास जैसे महान् कवियों की चिन्दियाँ उड़ जाएँगी।

ऐतिहासिक भौतिकवाद के सहारे हम साहित्य रूपों के उन सूत्रों की खोज करते हैं जिनसे साहित्य में सुन्दर घटित होता है। इसके अभाव में उसकी समझदारी सम्भव ही नहीं है। साहित्य इतिहास को छोड़कर नहीं उसे लेकर है। फिर भी वह सापेक्षित रूप से स्वायत्त है। सौन्दर्य उसे सापेक्षिक स्वायत्तता प्रदान करता है यानी वह इतिहास की अपेक्षा में (रिलेशन में) स्वायत्त है।

इस जटिलता को मारकूजे ने दूसरे ढंग से सुलझाने की कोशिश की है। उसकी दृष्टि से साहित्य ट्रांसहिस्टारिकल (इतिहासातीत) होकर भी एक व्यापक ऐतिहासिक प्रक्रिया का अंग है। इतिहास और साहित्य को किस रूप में लिया जाये कि साहित्य 'रिडक्शनिज्म' का शिकार न हो, यह एक अहम समस्या है, लेकिन मार्क्सवादी सौन्दर्यशास्त्र इस पर निरन्तर विचार कर रहा है। सौन्दर्यशास्त्र सम्बन्धी शुक्लजी का उद्धरण स्मरण करने योग्य है—'पहले तो सौन्दर्यशास्त्र अभी ठीक ठिकाने का शास्त्र नहीं, कभी होगा, यह भी नहीं कहा जा सकता।' 'कविता सौन्दर्य-साधना है' इसके वे सख्त खिलाफ हैं।

■

एंतोनियो ग्राम्शी और 'साहित्य का समाजशास्त्र'

जिस प्रकार कार्ल मार्क्स के साहित्य सम्बन्धी विचार उसके विभिन्न ग्रन्थों में बिखरे पड़े हैं उसी प्रकार एंतोनियो ग्राम्शी के विचार भी उसके 'प्रिजन नोट बुक्स' तथा कुछ निबन्धों में बिखरे मिलेंगे। मार्क्स के साहित्यिक सिद्धान्तों को अनेक लोगों ने अनेक संग्रहों में एकत्र करने का प्रयास किया है। उनके आधार पर मार्क्सवादी सौन्दर्य-शास्त्र के निर्माण का प्रयत्न हो रहा है। कट्टर मार्क्सवादियों की नियतिवादी दलीलों के बावजूद उस पर बहस जारी है और मार्क्सवादी सौन्दर्यशास्त्र के विकास को देखते हुए इसे शुभ लक्षण समझना चाहिए।

ग्राम्शी के साथ कठिनाई यह है कि उसके समग्र लेखन का अनुवाद अंग्रेजी में भी नहीं हो पाया है। अत: उसके ऊटपटांग अर्थापन भी कम नहीं हुए। सन् १९५० में इनौदी (Enaudi) ने 'लितरातूर-ए-विता नैजिओले (Litaraturae vita Nazionale) नाम की एक पुस्तक सम्पादित की जिसमें ग्राम्शी के साहित्य सम्बन्धी बिखरे विचारों को एकत्र कर दिया गया है। पर 'प्रिज़न नोट बुक्स' से असन्दर्भित होकर ये विचार यादृच्छिक हो गये हैं। १९७५ में वालेंतियों जेरातां (Valentino Gerratana) ने 'प्रिज़न नोट बुक्स' का एक आलोचनात्मक संस्करण प्रकाशित किया। इसके पहले कोई प्रामाणिक संस्करण ऐसा नहीं था कि उसके आधार पर साहित्य सम्बन्धी उसके विचारों का सही आकलन किया जा सके। वस्तुत: साहित्य-सम्बन्धी विचार 'प्रिज़न नोट बुक्स' में ही व्यक्त किये गये हैं। उन विचारों को नोट-बुक्स से निचोड़ कर एकदम अलग करना सम्भव नहीं है। साहित्य को देखने के लिए वह अन्तर अनुशासनात्मक अभिगम का कायल है। 'प्रिज़न-नोट-बुक्स' के आधार पर उसके 'साहित्य का समाजशास्त्र' पर कुछ लोगों ने विचार करना आरम्भ कर दिया है। एक तरह से अभी इसकी शुरुआत ही हो रही है।

दरअसल ग्राम्शी पर लोगों की दृष्टि' ६० के बाद ही गयी। इसके पहले यूरोप के मार्क्सवादी शिविर पर अलथ्यूसर का प्रभाव था। ग्राम्शी की मृत्यु (१९३७) के बाद उसे नाना प्रकार के वादीय घेरे में डालने की कोशिश की गयी, किसी ने स्तालिनवादी कहा, किसी ने लेनिनवादी, किसी ने त्रात्स्कीवादी यानी जितने मुँह उतनी बातें। यही नहीं तोघाती (Toghatti) का कहना था कि ग्राम्शी सबके आदमी हैं। क्रोचे ने १९४७ में लिखा कि वह ग्राम्शी के विचारों से सहमत है। इटली की कम्युनिस्ट पार्टी उसके सौन्दर्यशास्त्र को समाजवादी यथार्थवाद के मेल में ले आने की कोशिश कर रही थी।

विगत दो दशकों में ग्राम्शी का जो अध्ययन हुआ है उससे सिद्ध होता है कि इतालवी परिवेश के सन्दर्भ में उसने मार्क्सवादी दर्शन को नये रूप में अर्थापित किया है। कहा जाता है कि 'यूरोकम्युनिज्म' पर ग्राम्शी का प्रभाव पड़ा है। लगता है कि भारतीय जीवन और परिवेश को देखते हुए साहित्य ही नहीं बल्कि मार्क्सवादी दलों के रवैये में भी परिवर्तन की जरूरत है। वह अधिरचनावादी (Superstructuralist) कहा जाता है। वह अधिरचना को आधार की अपेक्षा कहीं अधिक प्रमुखता देता है। अपने देश में विदेशी साम्राज्यवाद की खिलाफत के लिए महात्मा गान्धी ने भी इसी को प्रधानता दी थी।

उसकी असली दिलचस्पी एक ऐसे राज्य और समाज के निर्माण में थी जिसमें मजदूर वर्ग का सांस्कृतिक एकाधिपत्य (हेगमनीं) हो। इसी तरह के समूह को वह ऐतिहासिक ब्लाक कहता है। बुद्धिजीवी वर्ग की भूमिका को उसने नये सिरे से परिभाषित किया। नागरिक समाज को राजनीतिक (सत्ताधारी) समाज से वरीयता दी। विचारधारा पर अपने ढंग से स्वंतन्त्र विचार किया। इस तरह अपनी मान्यताओं को स्पष्ट करने के लिए उसने कई सुनिश्चित समानिधिकरणों (कैंटेगरी) की कल्पना की। ये समानाधिकरण ही उसके विचारों के सभी आयामों को नियन्त्रित करते हैं। स्मरण रखना चाहिए कि सभी का सम्बन्ध 'प्रैक्सिस' से है। 'प्रैक्सिस' के परे उसके लिए हर चीज अविचार्य है। इन समानाधिकरणों की व्याख्या यहाँ अपेक्षित नहीं है, किन्तु साहित्य सम्बन्धी उसकी मान्यताओं पर विचार करते समय यथाप्रसंग उनकी संक्षिप्त व्याख्या हो सकेगी।

अपने समय में क्रोचे इटली का अत्यन्त महत्वपूर्ण विचारक था। उसका प्रभाव इटली तक ही सीमित नहीं रहा, दुनिया के और हिस्सों में भी फैला। ग्राम्शी भी क्रोचे से प्रभावित था। क्रोच द्वारा निर्धारित समानिधिकरणों का प्रयोग उसने अपने अर्थों में किया है, मुख्यतः मार्क्सवादी यान्त्रिकता या नियतिवादिता की खिलाफत करने में। क्रोचे के बारे में वह कहता है कि उसका इतिहास-दर्शन अर्थवाद (Economism) और यंत्रगतिकता की प्रतिक्रिया के रूप में आया। ऊपर कहा जा चुका है कि ग्राम्शी खुद यान्त्रिकता के विरुद्ध था। स्टालिन के जमाने में ही उसने जेहदिनिज्म का कट्टर विरोध किया जब कि बड़े-बड़े स्वतन्त्र शास्त्रविद और नाटककार उसके सामने घुटने टेक चुके थे। क्रोचे की प्रतिक्रिया से वह आंशिक रूप में सहमत है, किन्तु प्रैक्सिस के खिलाफ होने की वजह से असहमत है। मार्क्सवादी सौन्दर्यशास्त्र काफी गड्डमगड्ड और अव्यवस्थित स्थिति में था। अभी तक वह पूरा न्यूनीकरणवादी (रिडक्शनिस्ट) था और प्रतिबिम्ब के सिद्धान्त से जुड़ा हुआ था। इस सन्दर्भ में वह क्रोचीय समानिधिकरण-सौन्दर्य का अपने पक्ष में इस्तेमाल कर लेता है। वह साहित्यगत 'कला' और 'संस्कृति' में पार्थक्य स्थापित करता है। कला को रूप और संस्कृति को वस्तु कहता है। क्रोचीय सौन्दर्य को इनसे अलग कर देता है। इसका इस्तेमाल वह पक्षधर और सुनिश्चित विचारधारा वाले साहित्य तथा राजनीतिक लक्ष्य के पूर्त्यर्थ

लिखे जाने वाले साहित्य के विरुद्ध करता है।

क्रोचे का तटस्थ तथा भाववादी सौन्दर्यशास्त्र उसे ग्राह्य नहीं है। क्रोचे इनौदी संस्करण के पढ़ने के बाद ग्राम्शी के खिलाफ हो गया था, क्योंकि उस संस्करण में ग्राम्शी ने क्रोचे को ही अपनी आलोचना का निशाना बनाया था। क्रोचे लिखता है कि वह एक राजनीतिक दल की स्थापना करना चाहता था। उसे निरपेक्ष सत्यान्वेषण में कोई अभिरुचि न थी। ग्राम्शी के मतानुसार क्रोचे शुद्ध विज्ञान, शुद्ध इतिहास, शुद्ध दर्शन का पक्षधर था। जिस तरह क्रोचे ने ग्राम्शी के लिए कहा कि वह खास तरह की राजनीति का पक्षपाती था उसी तरह ग्राम्शी का कहना था कि शुद्ध ज्ञान-विज्ञान की तलाश भी एक खास तरह की राजनीतिक विचारधारा के पक्ष में हथियार बनाने के समान था। कहना न होगा कि क्रोचे की विचारधारा प्रतिक्रियावादी थी। जिस प्रकार मार्क्स ने हीगेल को सिर से पाँव के बल खड़ा किया, उसी प्रकार ग्राम्शी ने क्रोचे को।

ग्राम्शी पूछता है—'क्या सौन्दर्य-विज्ञान, कला-सिद्धान्त, सौन्दर्य और अभिव्यंजना के अतिरिक्त कुछ और भी है? किन्हीं और चीजों से भी उसका सरोकार है? ये सब समानिधिकरण भाववादी हैं। इनसे कलात्मक विकृतियाँ पैदा होती हैं और कलात्मकता तथा ऐतिहासिकता में संवाद की गुञ्जाइश नहीं रह जाती। अन्ततः हम इतिहास-विरोधी सौन्दर्यशास्त्र की ओर अग्रसर होते हैं। क्रोचे सौन्दर्यशास्त्री आयामों पर जोर देकर अन्य आयामों को नजरअन्दाज कर देता है और 'लोकप्रिय-जातीय-संस्कृति' से उसका अपना कोई रिश्ता नहीं बन पाता।' ग्राम्शी सामाजिक और ऐतिहासिक आयामों को सौन्दर्य का 'अपृथग्निर्वर्त्य' मानता है।

क्रोचे की अपेक्षा वह डी-सैंक्टिस को अधिक महत्व देता है। उसमें एक प्रकार की प्रतिबद्धता है, उसका सौन्दर्यशास्त्र जड़ नहीं है उसमें मजबूत नैतिक-राजनैतिक आस्था है। यह नई संस्कृति के अनुरूप संघर्षरत प्रैक्सिस है। इस प्रकार की आलोचना में रीति-रिवाज, अनुभूति, वैश्विक दृष्टि की विवेचना के साथ शुद्ध कला-समीक्षा भी शामिल हो जाती है। आवयविक दृष्टि से ये दो स्तर अलग-अलग न होकर एक हैं। कला प्रकार्यात्मक मूल्य है क्योंकि वह अभिन्न रूप से कलेतर मूल्यों से जुड़ी हुई है। समीक्षक के लिए यह देखना जरूरी है कि नये साहित्य के वस्तु-रूप संघर्षरत संस्कृति से किस सीमा तक सम्बद्ध है। यह संघर्षरत संस्कृति नई सांस्कृतिक प्रभुसत्ता में आविर्भूत होती है। इसी को वह 'जातीय-लोकप्रिय' (National popular category) समानाधिकरण कहता है। इस समानाधिकरण को सैंक्टिस से लेते हुए भी ग्राम्शी का समानाधिकरण भिन्न है।

सैंक्टिस का जातीय-लोकप्रिय-समानाधिकरण प्रगतिशील और लोकतान्त्रिक है और वह हेगेलीय इतिहास-दर्शन से सम्बद्ध है। ग्राम्शी का साहित्यिक अभिगम मार्क्सवादी और वर्गपरक था। यह भी अनिवार्यतः प्रैक्सिस से सम्बद्ध है। उसका द्वंद्वात्मक भौतिकवाद आरम्भिक मार्क्स, थीसिस आन फायरबाख, १८४४ के मैन्युस्क्रिप्ट और क्रिटीक आफ पोलिटिकल एकोनामी की भूमिका के मेल में था।

इतिहास जड़ पदार्थ नहीं है। इसका सम्बन्ध सांस्कृतिक राजनीति से है और वह वर्ग-विभाजित समाज पर आधारित है। यह राजनीतिक संघर्ष की माँग करता है जो अप्रधान वर्ग द्वारा संचालित होता है। 'जातीय' 'लोकप्रिय' को वह इसी दृष्टि से परिभाषित करता है। जातीय शब्द का स्पष्ट अर्थ है—वर्गविभाजित समाज में अप्रधान लोग। इटली की परम्परा में संस्कृति शुद्ध रूप से किताबी रही है। भारतीय संस्कृति भी किताबी ही कही जायेगी—वर्ग विशेष की विरासत। इटली के बुद्धिजीवी या तो इसी का विस्तार कर रहे थे या विदेशी लेखकों को पढ़ते हुए उनके विचारों के प्रति नतमस्तक थे। आधुनिक काल के भारतीय बुद्धिजीवी वर्गीय समाज की किताबी विरासत को कुछ खास राजनीतिक कारणों के तहत जीवित रखना चाहते हैं और इसी को भारतीयता के नाम से पुकारते हैं। अथवा विदेशी लेखकों के विचारों से स्वयं आतंकित होते रहते हैं तथा औरों को आतंकित करते रहने में गौरव का बोध करते हैं। इस प्रकार के बुद्धिजीवी को वह बुद्धिजीवी नहीं मानता। मुक्तिबोध के शब्दों में ये ही लोग ब्रह्मराक्षस हैं जो अपने तर्कसंगत निष्कर्षों को जनता तक पहुँचा पाने में असमर्थ होते हैं। अत: उसने नये बुद्धिजीवी वर्ग को परिभाषित किया जो जातिवाद और व्यक्तिवाद की अमूर्तताओं से सम्बद्ध न हों। इस वर्ग को अपनी बौद्धिकता का उपयोग जनराष्ट्र को नये नैतिक परिवर्तन और सांस्कृतिक बदलाव के लिए प्रशिक्षित करने तथा उसकी बुद्धि को धारदार बनाने में करना चाहिए। इटली का तत्कालीन बुद्धिजीवी वर्ग ऐसी मानवीयता को उपस्थित नहीं कर सका था जिसका प्रवेश अशिक्षित तथा गँवार लोगों में हो सके। क्रोचे परम्परावादी बुद्धिजीवियों का प्रतीक था जो जनता के पिछड़ेपन से अपना कोई नाता नहीं रखता था, इसलिए, इसके लिए उसे जिम्मेदार भी कहा जा सकता है। नया बुद्धिजीवी नए नैतिक जीवन, नवीन संस्कृति और नए यथार्थ को सही ढंग से देखने के लिए संघर्ष के तरीके खोजता है। नई कला इस संघर्ष से सम्पृक्त होगी ही।

पर नई कला न तो कमिसार के आदेश पर प्रस्तुत की जा सकती है और न खास नुस्खों पर आधारित। ग्राम्शी कहता है—"नई सभ्यता की सर्जनात्मक प्रक्रिया बुरी तरह रहस्यमय और अदृश्य होती है तथा प्रत्याशित रूप से घटित हो जाती है। पूँजीवादी व्यवस्था के समाजवादी व्यवस्था में बदल जाने पर फैक्ट्री में उसी तरह उत्पादन होंगे जिस प्रकार पूँजीवादी व्यवस्था में हो रहे हैं। कला का उत्पादन भौतिक फैक्ट्री द्वारा सम्भव नहीं है। इस क्षेत्र में पूर्ण निश्चित कुछ नहीं है इसके सिवा कि वह कारीगरों की संस्कृति होगी जो बुर्जुआ संस्कृति से एकदम भिन्न होगी। जाहिर है कि नौकरशाही द्वारा नियन्त्रित अथवा एक पूर्व निश्चित विचारधारा से अनुबन्धित समाजवादी यथार्थवाद से उसका यथार्थ भिन्न है।" वह कहता है कि नई सांस्कृतिक प्रभुसत्ता के लिए एक नहीं अनेक राजनीतियाँ अपनानी होंगी—एक ही प्रगतिशील नीति से काम नहीं चलने वाला है। लेनिन की राजनीतिक शक्ति की प्रमुखता भी उसे मंजूर नहीं थी। इसके स्थान पर उसने नागरिक समाज (सिविल सोसाइटी) को प्रधानता दी। यहाँ

राजनीति और संस्कृति एक मेल हो जाती है। स्मरण रखना चाहिए कि मार्क्स नागरिक समाज (सिविल सोसाइटी) को आर्थिक सम्बन्धों में देखता है यानी आधार के सम्बन्धों में तो ग्राम्शी उसे अधिरचना मानता है। इतिहास के निर्माण में अधिरचना अधिक महत्वपूर्ण भूमिका अदा करती है।

जिस क्रान्ति में जनता की सांस्कृतिक प्रभुसत्ता (हेगमनी) नहीं होती है, उसे वह निष्क्रिय क्रान्ति की संज्ञा देता है। इसमें सरकारी शक्तियों और नौकरशाही की डिक्टेटरशिप होती है। ये शक्तियाँ जिस किसी भी तरह से हो अपनी सत्ता बनाए रखती हैं। स्तालिन का जमाना इसी सन्दर्भ में याद किया जाता है। ऐसे जमाने में जनता एक दर्शक बनी रहती है। राज्य को जनता से शक्ति प्राप्त करनी चाहिए न कि जनता को राज्य से।

सांस्कृतिक आधिपत्य और नागरिक समाज (सिविल सोसाइटी) को मद्देनजर रखते हुए उसने जातीय-लोकप्रिय (नेशनल-पापुलर कैटेगिरी) समानाधिकरण को सामने रखा। इस समानाधिकरण का सीधा संबंध 'साहित्य के समाजशास्त्र' से है। इटली में संस्कृति का एक पारम्परिक सार्वभौम-चरित्र था। बुद्धिजीवी इसी का प्रतिनिधित्व करते थे। अत: उसे 'जातीय-लोकप्रिय-समानाधिकरण' को परिभाषित करने की जरूरत महसूस हुई। उसके मतानुसार बुद्धिजीवी और जनमानस के बीच गहरा और ठोस लोकतान्त्रिक रिश्ता होना चाहिए। इसके लिए जनता की ओर प्रयाण की अपेक्षा होती है। इस सन्दर्भ में वह पुन: दुहराता है कि इसके लिए शासनादेश नहीं जारी किया जाता—वह शासनादेश जो खास तरह की साहित्यिक विषय-वस्तु का आकांक्षी है। इसके तहत लिखा गया साहित्य चाहे जातीय-लोकप्रिय-अपील को लेकर ही क्यों न चला हो, उसे मान्य नहीं है।

वह कहता है—कलाक्षेत्र में ठोस 'जेनुइन' और 'मूलभूत मानवीयता' का एक ही अर्थ होता है—ऐतिहासिकता यानी लेखक का जातीय लोकप्रिय-चरित्र, व्यापक अर्थ में सामाजिकता। किन्तु लेखक को भविष्य वक्ता या नैतिक उपदेष्टा नहीं होना चाहिए। स्मरण रखना चाहिए कि ऐतिहासिकता को आर्थिक सम्बन्धों में न्यूनीकृत करना उसे स्वीकार्य नहीं। इसे भी वह प्रैक्सिस से जोड़कर व्यक्ति को क्रियात्मकता से सम्बद्ध कर देता है। यह प्रैक्सिस ही कलाकार और जनता को सत्यात्मक सम्बन्धों में जोड़ती है। वह व्यापक अर्थ में एक यथार्थवादी परिप्रेक्ष्य की हिमायत करता है। इस परिप्रेक्ष्य में भाषा और लेखक का 'जातीय-लोकप्रिय' दृष्टिकोण दोनों समाहित हैं। इससे साहित्यिक कृति की संरचना का पता लगता है। खास तरह की संरचना के मूल में लेखकीय रुख ही एक सीमा तक भाषा को नियंत्रित करेगा।

रूसी, फ्रेंच और जर्मन भाषा में 'नेशनल' और 'पापुलर' पर्याय हैं। पर इतालवी में दोनों समानुरूप नहीं हैं। इस आधार पर ग्राम्शी इस निष्कर्ष पर पहुँचता है कि इतालवी लेखक जनता की अनुभूतियों को अस्तित्वात्मक स्तर पर महसूस नहीं करते। वे जनता को बेचारी समझते हैं, उस पर दया करते हैं। मेजनी का उल्लेख करते हुए वह कहता

है कि उसका अभिजातीय संस्कार उसे जातीय-लोकप्रिय दृष्टिकोण नहीं अपनाने देता। वह अपने को जनता का संरक्षक समझता था तथा उच्चता की ग्रन्थि से पीड़ित था। जनता का प्रतिनिधित्व करने वाले उसके चरित्रों के पास न अपना आन्तरिक जीवन है और न गम्भीर नैतिक व्यक्तित्व। मेजनी कहता है कि औरत को, आन्तरिक जीवन जीने के लिए, दस हजार फ्रैंक पास रखना चाहिए। सामाजिक दृष्टि से हीन गरीब लोगों के लिए प्यार नहीं है। उन्हें उपन्यासों में सिर्फ समस्या के रूप में लिया जा सकता है। मेजिनी का यह दयाभाव न तो जनता का हित साधन कर सकता था और न साहित्य की जीवन्त संरचना का।

नवीन सांस्कृतिक संघर्ष के तहत आलोचक की अत्यन्त महत्वपूर्ण भूमिका होती है। उसे उन बुद्धिजीवियों की तरह नहीं होना है जो वैश्विक दृष्टि की व्याख्या भर करते हैं और अपने विश्वकोशीय ज्ञान से लोगों को डराते रहते हैं। ऐसे लोगों का दिमाग डेटा-भरा होता है जिसे वे बाह्य वस्तुओं से टकराने पर बहिर्गत करते हैं। इस तरह की संस्कृति नुकसानदेह होती है, मुख्यतः सर्वहारा के लिए। इससे 'मिसफिट पैदा होते हैं क्योंकि ढेर के आँकाड़ों, तथ्यों और तारीखों में जीने वाले लोग अपने को ऊँचे पाये का समझते हैं। इस तरह की पण्डिताई का विरोध होना चाहिए।

समीक्षक के लिए जरूरी है कि वह समाज के नागरिक की हैसियत से क्रियाशील हो। चूँकि न तो वह समाज के ऊपर है और न बाहर इसलिए उसे नई वैश्विक दृष्टि के लिए किये जा रहे संघर्ष में शरीक होना होगा। इससे यह शंका नहीं होनी चाहिए कि वह अपने साहित्यिक अनुशासन से टूट जायेगा। ठीक इसके विपरीत साहित्यिक अनुशासन को उसकी सम्पूर्णता में पुनः अन्वेषित करेगा। फलतः 'जातीय-लोकप्रिय' से जुड़ कर संस्कृति की द्वन्द्वात्मकता को अच्छी तरह परख पाने में समर्थ होगा।

नतीजतन वह साहित्यिक कृति को इतिहास-सापेक्ष देखेगा और अन्तः प्रज्ञा के आधार पर शाश्वत मूल्यों की तलाश में भटकेगा नहीं। ठोस ऐतिहासिक परिस्थितियों को दृष्टि में रखते हुये वह पूँजीवादी संस्कृति को सर्वहारा संभावनाओं में बदलने के लिए प्रयत्नशील होगा। इसीलिए आलोचक अपनी पूँजीवादी पृष्ठभूमि के कारण अपने को काव्य तथा काव्येतर साहित्य का फर्क बतलाने तक सीमित कर लेता है। ऐसी समीक्षा को ग्राम्शी नकारात्मक समीक्षा कहता है। क्रोचे इसी प्रकार का समीक्षक था, जब कि समीक्षा एक निश्चयात्मक प्रकार्य है।

आलोचक को साहित्य की परम्परा और उसकी बारीकियों का अच्छा ज्ञान होना चाहिए। पर यह ज्ञान पर्याप्त नहीं है। आलोचक को इतिहास का व्यापक और गहरा ज्ञान अपेक्षित है। इसके परिपार्श्व में ही साहित्य की सक्रिय भूमिका विश्लेषित की जा सकती है। वह एक ओर व्यक्तिवादी तथा अलोकतान्त्रिक मूल्यों का विरोधी था तो दूसरी ओर प्रोपेगैंडा और बँधी हुई सैद्धान्तिक शैली का। वह मताग्रही साहित्य और समीक्षा को पसन्द नहीं करता है। इसके साथ ही दोनों को प्रकार्यात्मक मानता है। वह एक ओर बुखारिन के पूर्वनिश्चित यान्त्रिक समाजवादी यथार्थवाद को अस्वीकार करता

है तो दूसरी ओर व्यापक सांस्कृतिक स्तर के पक्ष में क्रोचे के भाववाद को। वस्तु-रूप के तनावों पर बहस करता है जिससे सांस्कृतिक तथा साहित्यिक स्तरों के द्वन्द्वात्मक सम्बन्धों को देखा जा सके। वस्तु सांस्कृतिक है और रूप साहित्यिक। वह कृति की ऐतिहासिकता की पड़ताल 'मैक्रो' स्तर पर करता है तथा रूप की जाँच 'माइक्रो' स्तर पर। दोनों में गहरी संगति है।

वह लिखता है—'क्या कोई रूप और वस्तु को प्राथमिकता दे सकता है? हाँ। इस अर्थ में कि कलाकृति एक प्रक्रिया है और वस्तु का परिवर्तन रूप का भी परिवर्तन है। ....इसलिए 'रूप' और 'वस्तु' का 'सौन्दर्यात्मक' अर्थ के साथ एक 'ऐतिहासिक' अर्थ भी है। ऐतिहासिक रूप का मतलब एक विशिष्ट भाषा है, ठीक उसी प्रकार जैसे, 'वस्तु' सोच के विशेष तरीके की ओर संकेत करती है जो सिर्फ ऐतिहासिक नहीं है.....'।

रूप के प्रश्न पर विचार करने के लिए उसे ठोस ऐतिहासिक सन्दर्भ में रखना होगा यानी उसके 'सांस्कृतिक-राजनीतिक' परिपार्श्व की विवेचना 'मैक्रो' विश्लेषणात्मक स्तर पर अपेक्षित होगी। साहित्यिक कृति कोरी पटिया नहीं है। उसकी संरचना पूर्व संघटित मूल्यों के आधार पर होती है जो स्वयं में निरन्तर संघटित विघटित होते रहते हैं। वह ऐसा तन्मात्र या चिदणु नहीं है जिसे तर्क के परे अन्त: प्रज्ञा से जाना जाये। क्रोचे रूप को इतिहास-निरपेक्ष मानते हैं तो ग्राम्शी इतिहास सापेक्ष। इसके निर्माण में विचारधारा, साहित्यिक माडेल और भाषा सभी सम्मिलित हैं। इनसे ही रूप बनता है। वस्तु के प्रति लेखक का एक दृष्टिकोण होता है उससे साहित्य की टेकनीक और शैली निर्धारित होती है। इस सन्दर्भ में 'टेकनीक' साधन है जिसके माध्यम से रचनात्मक साहित्य में नैतिक संघर्ष की जानकारी होती है पर टेकनीक रूप नहीं है। रूप की चर्चा के सिलसिले में वह 'संरचना' का प्रयोग करता है। 'डिवाइन कामदी' के इनफरनों के दसवें कैंटों का उसका विश्लेषण रूप सम्बन्धी मान्यता को और स्पष्ट कर देता है।

क्रोचे के मतानुसार दाँते की कविताएँ प्रगीतात्मक हैं, लेकिन उनकी संरचना अकाव्यात्मक है। कुछ इसी तरह की बात काव्यात्मक और अकाव्यात्मक भाषा के विवेकी हिन्दी आलोचक प्रसाद की कामायनी के सम्बन्ध में भी करते हैं। वे कहते हैं कि कामायनी का बिम्ब-विधान अद्वितीय, अभूतपूर्व और अत्यन्त प्रभावशाली है। पर भाषा लद्धड़ है। दोनों ही विभाजन के द्वैत (डाइकोटोमी) के शिकार हैं। डिवाइन कामदी को एक ओर प्रगीतों का संकलन कहना दूसरी ओर उसकी रचना को अकाव्यात्मक कहना असंगतिपूर्ण है। ठीक यही कामायनी सम्बन्धी विचार के बारे में भी कही जा सकती है।

ग्राम्शी का मत है कि बिना संरचना कविता हो ही नहीं सकती और संरचना भी अपने आप में काव्यात्मक होती है। कैंटों की संरचना का गहराई से सौन्दर्यमूलक अध्ययन अपेक्षित है। क्रोचे का अर्थापन उस महत्वपूर्ण कृति को विकृत कर देता है। नाट्यगत क्रियात्मकता इस संरचना से ही आविर्भूत होती है। जाहिर है कि ग्राम्शी

संरचना के गहन अध्ययन पर बल देता है, क्योंकि सारे तनाव, मूल्य, नाटकीय क्रिया-कलाप का मूल स्रोत वही है।

स्थान-स्थान पर ग्राम्शी ने वस्तु-रूप का जो अलगाव दिखाया है उसका मतलब दोनों में किसी द्वैत की प्रतिष्ठा नहीं है, बल्कि दोनों में द्वन्द्वात्मक तनाव को जाहिर करना है। यहीं तक वह अपने को सीमित नहीं करता। सौन्दर्य तत्व की दृष्टि से वह किसी रचना की प्रशंसा तो कर सकता है, लेकिन प्यार नहीं कर सकता—प्यार उसी रचना को करेगा जो अपनी सुन्दर संरचना में सांस्कृतिक विचारधारा भी समाहित किये हुए हो। 'वार एण्ड पीस' के बारे में वह कहता है कि मैं सौन्दर्यात्मक दृष्टिकोण से उसकी प्रशंसा कर सकता हूँ, किन्तु उसकी विचारधारा में साझेदारी नहीं कर सकता।

'प्रिजन नोटबुक्स' में उसने भाषा पर भी विचार किया है, किन्तु ग्राम्शी पर विचार करने वालों ने प्रायः उसके इस पक्ष को उपेक्षित कर दिया है। केवल पिपैरो ने इस सम्बन्ध में कुछ महत्वपूर्ण तथ्य उपस्थित किये हैं। पिपैरो का तो यहाँ तक कहना है कि वह भाषाविद् के रूप में मरा भी। टूरिन विश्वविद्यालय में उसके सहपाठी उसे क्रान्तिकारी से अधिक भाषाविद् के रूप में जानते थे। ग्राम्शी ने भाषा का सामाजिक सिद्धान्त और संस्कृति का भौतिकवादी सिद्धान्त एक साथ ही निर्मित किया। अतः भाषा सम्बन्धी उसके विचार को जाने बिना 'साहित्य का समाजशास्त्र' पूरे तौर पर विश्लेषित नहीं हो सकता।

भाषा सामाजिक उत्पादन है, एक सांस्कृतिक समुदाय की सांस्कृतिक अभिव्यक्ति है। 'सामूहिकता' के कारण ही भाषा समाज और इतिहास द्वारा नियन्त्रित होती है। सभी लोग एक तरह की संस्कृति नहीं रचते—अलग-अलग वर्गों और समूहों में बंटे लोगों द्वारा यह सम्भव भी नहीं है। 'अधिक से अधिक इतना ही कहा जा सकता है कि हर व्यक्ति की अपनी व्यक्तिगत भाषा होती है यानी उसके सोचने-विचारने का अपना ढंग होता है। संस्कृति कमोबेश संख्या में व्यक्तियों को जोड़ती रहती है जो विभिन्न अंशों में एक दूसरे को समझते हैं और अपने बीच सापेक्षिक वाक् सम्पर्क स्थापित करते हैं। इनकी वजह से सामान्य भाषा में प्रतिबिम्बित सामाजिक-ऐतिहासिक पार्थक्य बहुत कुछ कम हो जाता है।'

अभिप्राय यह है कि समाजवादी वैश्विक दृष्टि के प्रतिष्ठार्थ जिस नये सांस्कृतिक आधिपत्य को लेकर संघर्ष किया जाता है वह भाषा के प्रश्न से जुड़ा हुआ है। भाषा में सामूहिकता का तत्व निहित होता है और यह तत्व वैश्विक दृष्टि की अभिव्यक्ति करता है और वैश्विक दृष्टि का सम्बन्ध सामाजिक वर्गों से होता है। भाषा लेखक के लिए भौतिक आधार का काम देती है और लेखक विभिन्न वर्गों से निर्मित समाज के एक खास वर्ग का प्राणी होता है। इससे स्पष्ट है कि ग्राम्शी के 'मैक्रो', 'माइक्रो' विश्लेषण के भिन्न-भिन्न स्तरों में संगति है, दूसरे शब्दों में सांस्कृतिक राजनीतिक (मैक्रो) और कलापरक आलोचना (माइक्रो) में ऐक्य है।

भाषा समूह की मानसिकता से सम्बद्ध है। इसी में समूह की वैश्विक दृष्टि अभिव्यक्त होती है। एक विशिष्ट वैश्विक दृष्टि के माध्यम से—व्यक्तित्वान्तरित दृष्टि के माध्यम से उन अवधारणाओं को पकड़ा जा सकता है जो कृति की संरचना के लिए उत्तरदायी होती है। वैश्विक दृष्टि ही एक खास तरह की भाषा और खास तरह का सोच देती है। इस पद्धति से लेखक का सांस्कृतिक सन्दर्भ और कलात्मक उत्पादन समझा जा सकता है। इसी पद्धति से लेखक की रोमांटिक या गैर रोमांटिक भूमिका पहचानी जाती है। जो लेखक जिन्दगी की सामाजिक विशेषताओं को जितनी गहराई में उकेरता है वह उतना ही मौलिक होता है। 'मौलिकता' और 'ईमानदारी' जैसे भाववादी विचार न आध्यात्मिक होते हैं और न इतिहास-निरपेक्ष। वे भी विशिष्ट सांस्कृतिक वैश्विक दृष्टि के उत्पादन हैं।

जैसा कहा जा चुका है ग्राम्शी के अध्ययन की अभी शुरुआत ही हो पाई है। उसका सम्पूर्ण लेखन किसी भी भाषा में पूर्णतः अनूदित नहीं है। ज्यों-ज्यों उसके अनुवाद उपलब्ध होते जायेंगे त्यों-त्यों उसके विचारों को समझने में सुविधा होगी। पर जो सामग्री उपलब्ध है उसके आधार पर कहा जा सकता है कि मार्क्सोत्तर मार्क्सवाद का वह कदाचित् सबसे अधिक महत्वपूर्ण चिन्तक है। इस सम्भावना से भी इनकार नहीं किया जा सकता कि उसके चिन्तन से इस देश की वामपंथी विचार-धारा में कोई नया परिवर्तन हो, क्योंकि उसका चिन्तन हमारे परिवेश के काफी अनुकूल है।[१]

---

१. विलियम क्यू० बोएलहोवर के एक लेख पर आधारित।

रूसी रूपवाद

रूसी रूपवादी समीक्षा उन्नीसवीं शताब्दी के अन्त से शुरू होकर बीसवीं शती के दूसरे दशक तक चलती रही। सन् १९३० में राजनीतिक वजहों से इसे समाप्त कर दिया गया पर रूस के बाहर इसके प्रभाव का विस्तार १९६५ के बाद ही हो पाया। इसी वर्ष तोदोरोव ने रूसी रूपवासियों की समीक्षाओं का एक संकलन फ्रांसीसी भाषा में अनूदित किया। इसका प्रभाव पश्चिम की रूपवादी समीक्षा-प्रणाली पर पड़ा। शैलीविज्ञान, संरचनावाद आदि ने उससे प्रेरणा ग्रहण की। बोरिस एकेनवाम, विक्टर श्केलोव्स्की, रोमन जैकोब्सन, बोरिस तोमस्जेवस्की आदि इसके प्रमुख प्रवक्ता थे। इनमें से कुछ भाषाविद् थे, कुछ साहित्य के इतिहासकार।

इन रूपवादियों के दो मुख्य केन्द्र थे—मास्को और पेट्रोगार्ड। मास्को के भाषिकी केन्द्र की स्थापना १९१५ में हुई जिसके सदस्यों में भाषाविद् लोग थे। पेट्रोगार्ड समाज, जिसका मुख्य उद्देश्य काव्य भाषा का अध्ययन करना था,सन् १९१६ में स्थापित हुआ। इसके मुख्यत: साहित्यिक इतिहासकार थे। पेट्रोगार्ड समाज के आरम्भिक अक्षरों को मिलाकर ओपोयाज़ कहा जाने लगा। इस संस्था ने काव्यभाषा के सिद्धान्तों के सम्बन्ध में एक विचार-गोष्ठी की (१९१६)। वे विचार अपने संवर्द्धित रूप में १९१९ में प्रकाशित हुए। इसमें ओसिप, ब्रिक, इकेनवाम और श्केलोव्स्की के निबन्धों को भी जोड़ दिया गया था। रोमन जैकोब्सन ने १९२१ में 'आधुनिक रूसी कविता' शीर्षक से एक पुस्तक प्रकाशित की।

वस्तुत: इस आन्दोलन का मूलाधार फ्रांसीसियों का प्रतीकवादी आन्दोलन है। प्रतीकवाद में रूप पर ऐकांतिक बल दिया जाता है, पर उसमें वैयक्तिक दर्शन और सपनों का भी समावेश रहता है। रूपवादियों ने काव्य को वैयक्तिकता और सौन्दर्यशास्त्र से मुक्त कर वैज्ञानिक बनाने की कोशिश की। उनका कहना था कि वे काव्यगत तथ्यों का वैज्ञानिक अनुसन्धान करते हैं। इसे वे 'रूपात्मक अभिगम' का नाम देते हैं।

इनका बुनियादी सरोकार साहित्यिक संरचना से है यानी संरचना में इस्तेमाल होने वाली समस्त तकनीकों से है। न तो इतिहास से इसका कोई मतलब है न स्रोत से, न मनोविज्ञान से। संरचनावाद, नई समीक्षा, शैलीविज्ञान, सौन्दर्यशास्त्र आदि की स्थिति यही है। कला पूर्णत: स्वायत्त है और आत्मानुशासित अनुशासन है। अत: इसकी परीक्षा इसी की शर्तों पर हो सकती है। श्केलोव्स्की के शब्दों में कला हमेशा जिन्दगी से मुक्त होती है। इसकी ध्वज शहर की चारदीवारी पर फहराते हुए झंडे के रंग को प्रतिबिम्बित नहीं करता।' इसके लिए आलोचना की अपनी विशिष्ट रूपरेखा होनी

चाहिए। श्केलोव्स्की का कहना है कि 'कला-रूपों का विवेचन कला-नियमों द्वारा ही होना चाहिए।'

कला-समीक्षा का सम्बन्ध कला की 'डिजाइन' से है, उसे निर्मित करने वाले उपकरणों से है न कि उसके कथ्य या सन्देश से है। वह साहित्य को समग्रता में देखने का पक्षधर नहीं है, उसका सम्बन्ध सिर्फ साहित्य की साहित्यिकता से है। इसी चहारदीवारी में वह अपने को सीमित रखती है'। साहित्य की साहित्यिकता पर रोमन जैकोब्सन काफी बल देता है। कवि उसके लिए अविवेच्य है, विवेच्य है तो कविता। कविता भाषा से बनती है। उसकी विवेचना की परिधि में काव्यभाषा ही आती है।

काव्य-भाषा भाषा का विशिष्ट प्रयोग है। इस प्रयोग की विशिष्टता उसके बिम्बों, अलंकारों, रूपकों, प्रतीकों आदि में नहीं है, क्योंकि इनका प्रयोग तो सामान्य भाषा में भी होता है। वे सारी वस्तुएँ जो साहित्य की साहित्यिकता में योग देती हैं, वे ही विवेचना के योग्य हैं। रूपवादियों की यह बात महत्वपूर्ण है। सामान्यत: आज की समीक्षा में बिम्बों की तलाश आम बात हो गयी है। समीक्षक बिम्बों की परिगणना कुछ उसी प्रकार करते हैं जैसे जायसी ने विभिन्न पकवानों की चर्चा की है या हरिऔध ने तरह-तरह के वृक्षों की। ये सारे उपकरण साहित्य की साहित्यिकता में किस प्रकार योग देते हैं यह विचारणीय है। भारतीय काव्यशास्त्र में इसे काफी विस्तार और गम्भीरता से विवेचित किया गया है। उस ओर लोगों का ध्यान कम गया है।

हम जिस संसार में रहते हैं वह इतना परिचित और नैत्यिक होता है कि हम ताजगी का अनुभव नहीं कर पाते। लीकबद्ध जिन्दगी ढर्रे की डोर में बँधा जीवन हमें ताजी हवा के झोंकों से वंचित किये रहता है। चीजों को देखने की एक आदत हो जाती है और वस्तुओं की निजी विशेषताओं की ओर ध्यान नहीं जाता। अत: श्केलोव्स्की 'अजनबीकरण' (मेकिंग स्ट्रेंज) की बात करता है। इसमें परिचित अपरिचित हो जाता है। परिचित को रचनात्मक स्तर पर विरूपित करना उसका लक्ष्य होता है। इस अजनबीकरण (डी-फेमिलियराइजेशन) या विरूपीकरण की प्रक्रिया द्वारा एक नई दृष्टि मिलती है। पर छंद, लय, बिंब, अलंकार आदि अर्थ की व्यंजना के लिए नहीं होते बल्कि वे अपने आप में अर्थवान तत्त्व हैं।

प्रश्न होता है कि विरूपीकरण की प्रक्रिया द्वारा जो नई दृष्टि मिलती है वह अर्थ की दृष्टि के अतिरिक्त और क्या होगी। ये रूपवादी नये यथार्थ का भी उल्लेख करते हैं जो पुराने यथार्थ से भिन्न होता है। पर अन्ततोगत्वा वे 'डिजाइन' और रूप तक ही अपने को सीमित कर लेते हैं। संस्कृत के आचार्यों ने 'चमत्कार', 'विचित्र अभिधा', 'लोकातिक्रान्त गोचर' आदि शब्दों का प्रयोग विरूपीकरण के ही लिए किया है। पर वे अर्थ की रमणीयता और भावानुभूति से उन्हें अलग नहीं करते हैं, बल्कि सारा विरूपीकरण भाव को ही लेकर होता है। 'विचित्र अभिधा' या 'वक्रोक्ति' एक ओर संरचना को संकेतित करती है, दूसरी ओर भाव और वस्तु को। स्मरण रखना चाहिए कि वक्रोक्ति के भेदों में एक भेद वस्तु-विन्यास-वक्रता भी है।

बाद के रूपवादियों ने महसूस किया कि शब्द से अर्थ को अलग किया ही नहीं जा सकता। शब्द अर्थ से रिक्त होगा ही नहीं। संस्कृत के रूपवादियों ने, यदि उन्हें रूपवादी कहा जाये, काव्य में विशिष्ट शब्दार्थों की सत्ता मानी है। काव्य-भाषा की अर्थवत्ता सामान्य अर्थों से कहीं अधिक जटिल होती है। उसमें अर्थ की अनेक तहें होती हैं। यह जटिलता तब आती है जब संकेतक एक संरचना में गुँथ कर संकेतित हो जाते हैं। शब्द का एक अर्थ होता है जो उसे पहले से ही प्राप्त है। कविताबद्ध होकर वह उससे भिन्न हो जाता है। वस्तुत: शब्दार्थों पर जितने विस्तार से पश्चिम में विचार किया गया है वह अपेक्षाकृत स्थूल है। अपने यहाँ की शब्द-शक्तियों में जो सूक्ष्मता और वैज्ञानिकता है वह अन्यत्र नहीं दिखाई पड़ती। इन पर पुनर्विचार की जरूरत है। रूपवादियों ने अर्थ-प्रजनन की चर्चा भी की है। नोमाचास्की के प्रजननात्मक व्याकरण में इसका विस्तृत उल्लेख हुआ है। अर्थ के प्रजनन को संस्कृत की शब्दशक्तियों में ही अन्तर्भुक्त किया जा सकता है। फिर भी रूपवादी अन्त में यही कहते हैं कि कविता इसकी प्रविधियाँ हैं, इसका रूप है।

श्केलोव्स्की प्रगीतों और उपन्यासों पर एक ही प्रतिमान लागू करता है, यद्यपि प्रगीत और उपन्यास की संरचनाओं में काफी अन्तर है। प्रगीत की विषय-वस्तु स्थिर होती है, इसका प्रभाव तात्कालिक होता है,उसे एक ही इकाई के रूप में आयत्त किया जाता है। उपन्यास में एक कथा होती है, वह एक कालावधि में गतिशील रहता है। अत: वह गत्यात्मक और क्रियात्मक होता है। श्केलोव्स्की को इसकी जानकारी थी। उपन्यासों पर किये गये उसके विचारों से ही औपन्यासिक सिद्धान्तों की शुरुआत होती है। उपन्यास के काव्यशास्त्र का वह पहला प्रणेता है।

प्रगीत 'साहचर्य समिष्टि' (एसोसियेटिव) द्वारा संचालित होता है। कालक्षेप तो इसमें भी होता है, किन्तु वह बहुत कम होता है। जिन प्रविधियों से उसकी सृष्टि होती है वे समिष्ट रूप में एक ही समय आयत्त कर ली जाती हैं। उपन्यास में लम्बा कालक्रम होता है। इसे सस्यूर की भाषा में विन्यासक्रमी(सिंटिगमैटिक) कहा जाता है। इसका विन्यास एक कालावधि में फैला रहता है यानी उसमें विस्तृत क्रम होता है या वह क्रमागत होता है। इस फैलाव या विस्तार से होकर ही वह 'विरूपीकरण' करता है। इसकी वस्तु से अलग इसका रूप नहीं है। हर उपन्यास का रूप अपना होता है। कहानी को नियमों में बाँधा जा सकता है, पर इस अर्थ में उपन्यास निर्बन्ध है। हर उपन्यास को अपना-अपना रूप अन्वेषित करना पड़ता है।

श्केलोव्स्की उपन्यास की कथा-संरचना पर अपना ध्यान केन्द्रित करता है जो कथानक या प्लाट में अभिव्यक्त होता है। प्लाट के माध्यम से विरूपीकरण या अजनबीकरण सम्भव हो पाता है। वह अत्यन्त सतर्कतापूर्वक 'कहानी' और 'प्लाट' में भेद करता है। 'कहानी' में घटना का एक क्रम होता है। यह कच्चा माल है जिसे उपन्यासकार को रूप देना पड़ता है। प्लाट वह विशिष्ट ढंग है जिससे कथा विरूपीकृत हो जाती है यानी उसका रूपान्तरण हो जाता है। जिस तरह प्रगीत में लय की

संघटनात्मक भूमिका होती है उसी प्रकार उपन्यास में प्लाट की होती है। कथा-नायक का निर्माण प्लाट से ही होता है। श्केलोव्स्की के मतानुसार 'हैमलेट' मंच की तकनीकों से सर्जित हुआ है। वह सारा जोर साहित्यिक-चेतना, दूसरे शब्दों में साहित्यिकता की चेतना पर देता है। स्टर्न 'ट्रीस्ट्राम शैंडी' को वह साहित्यजगत का सर्वाधिक 'टिपिकल' उपन्यास कहता है। इसका काम कहानी कहना है। अपने 'प्लाट' के माध्यम से यह 'कहानी' का रूपान्तरण करता है। यह स्वयं में अपना उपन्यास है।

रूपवादी वस्तु को स्थगित करके रूप के पूर्ण आधिपत्य की वकालत करता है। उसका सम्बन्ध जैसा कहा जा चुका है सिर्फ साहित्यिकता से है जो अपने आप में पूर्ण इकाई है। यह ऐसी कोई खिड़की नहीं है जिससे झाँक कर इससे परे अन्य वस्तुओं को देखा जा सके। वस्तु (काटेंट) साहित्य रूप का प्रकार्य है, इससे पृथक उसकी सत्ता नहीं है। रूपेतर कुछ भी नहीं होता। कृति में वस्तु-तत्व का आभास होता है, वास्तविकता संरचना में ही होती है।

वी०आई० प्राप की एक पुस्तक है 'लोक कथा का रूप विज्ञान'। इसके माध्यम से वह लोककथा की संरचना का जो विवेचन करता है वह कथा-साहित्य के काव्यशास्त्र के निर्माण में एक महत्वपूर्ण पहल है। उसका कहना है कि लोककथा अपनी संरचना में विन्यासक्रमी (सिंटेग्मैटिक) होती है यानी वह एक क्रम में, सिलसिले में विन्यस्त होती है। अत: प्रगीत की साहचर्य समष्टि (एसोसिएटिव) की संरचना से वह भिन्न है। लोककथा की एकसूत्रता चरित्रों के प्रकार्य में तथा प्लाट निहित भूमिकाओं द्वारा निर्धारित होती है।

प्राप की पद्धति बहुत कुछ लेवी स्त्रौस के मिथक-विवेचन और संरचनावादियों की प्रणाली से मिलती है। वह बहुसंख्यक कथाओं का विस्तृत विश्लेषण करता है और इस निष्कर्ष पर पहुँचता है कि विभिन्न व्यक्तियों के क्रिया-कलापों में एक प्रकार की समानता होती है। इसके आधार पर वह कहता है कि कथा में पात्र तो बहुत होते हैं पर उनके क्रिया-कलाप सीमित होते हैं। अत: लोक कथाओं में एक प्रकार की संरचनात्मक संगति देखी जा सकती है। इनमें कुछ बुनियादी सिद्धान्त दिखाई पड़ते हैं जो निम्नलिखित हैं—

१. चरित्रों के प्रकार्यों में कुछ स्थिर तत्व होते हैं वे चाहे किसी के द्वारा और किसी भी भाँति सम्पन्न किये गये हों।

२. प्रकार्यों की संख्या सीमित होती है। (प्राप तीस प्रकार्यों की गण्ना करता है।)

३. प्रकार्यों के क्रम हमेशा एक रूप में होते हैं।

एक विशेष लोककथा में कोई पात्र अनेक क्रिया-कलापों में संलग्न देखा जा सकता है और अनेक पात्र एक ही क्रिया में लिप्त प्रतीत होते हैं पर क्रियाओं का क्षेत्र एक सीमा के भीतर ही रहता है। एक कथा की संरचना का अध्ययन यह बतलाता है कि अन्य कथाओं की संरचना लगभग वैसी ही होती है।

रूपवाद की शक्ति कला की क्रियात्मक तकनीक पर निर्भर है। कला में तकनीक को आवृत्त भी किया जाता है और अनावृत्त भी। जहाँ तकनीक होती है वहाँ साहित्यिक पदार्थ का विकास अलक्षित रह जाता है। जहाँ तकनीक अनावृत्त रहती है वहाँ तकनीक के अतिरिक्त अन्य किसी बात पर ध्यान नहीं रहता। इस प्रकार की तकनीक द्वारा पाठकों को धक्का (शाक) दिया जाता है। धक्का देने की प्रक्रिया द्वारा पाठक संवेदनशून्य भाषा से मुक्त हो जाता है। भाषा की संवेदन-शून्यता क्या है? सूचनात्मक भाषा संवदेनहीन होती है। सामान्यत: वृक्ष शब्द के उच्चारण से जब पेड़ पदार्थ का बोध हो तो भाषा सूचनात्मक होकर रह जाती है। उससे संवेदना जाग्रत नहीं होती।

जैकोब्सन का कहना है कि कवि भाषा का इस्तेमाल उसी तरह करता है जिस तरह चित्रकार रंगों का करता है। ऐसी स्थिति में भाषा की संज्ञाहीनता या संवेदनशून्यता से वह बचना चाहता है और बचता है। कविता का कार्य यह बताना है कि पद और पदार्थ समरूप नहीं होते। अत: कविता में यथार्थ के प्रति कवि या पाठक के दृष्टिकोण का महत्व नहीं है। महत्व है भाषा के प्रति कवि की अपनी अभिवृत्ति या रुख का। सफलतापूर्वक सम्प्रेषित हो जाने पर वह पाठक को अपनी भाषा सरंचना के प्रति जागरूक बनाता है जिससे वह उसकी 'दुनिया' को नया देख सके।

जाहिर है कि रूपवादियों के लिए साहित्यिकता का मतलब है कवि-विशिष्ट भाषा-प्रयोग। जैकोब्सन के मतानुसार इसमें संकेत संकेतिक में रूपान्तरित हो जाता है। इसके अपने आन्तरिक नियम होते हैं जिनके तहत संरचना की प्रकृति उजागर होती है। छन्द,लय, अलंकार आदि कविता के बाहर किसी यथार्थ का बोध नहीं कराते। ये काव्य-संरचना या संघटना के सहायक उपकरण हैं।

ब्रिक जैसे रूपवादी कविता को एक आन्तरिक और आत्मानुशासिक संरचना मानते हैं जिसमें छन्द और रूप का समान दर्जा है। न कोई छोटा है और न कोई बड़ा। दोनों का काम अर्थ को विरूपित और रूपान्तरित करना है। इनसे आन्तरिक अर्थ अपनी पूरी शक्तिमत्ता में उभर कर सामने आते हैं। जैकोब्सन का कहना है कि कविता सामान्य भाषा का सचेत विरूपीकरण है। (Organized violence commited on ordinary speech) सामान्य भाषा के खिलाफ एक संघटित आक्रमण है।

सामान्यत: कहा जाता है कि समाज के परिवर्तन के साथ साहित्य में भी परिवर्तन होता है। पर रूपवादी इससे सहमत नहीं हैं। उनका कहना है कि यह परिवर्तन साहित्य की अपनी आन्तरिक जरूरत पर निर्भर है। वह अपनी शैली और विधा के अनुरूप अपने आपको प्रजनित (जेनरेट) या संकुचित करता है। अत: रूपवादियों की दृष्टि में साहित्य का इतिहास साहित्य के रूप-परिवर्तन का इतिहास होता है। नया रूप पुराने रूपों के विद्रोह के फलस्वरूप उत्पन्न होता है, पर यह विद्रोह पुराने रूप का प्रतिवाद नहीं है, बल्कि साहित्य के स्थायी तत्वों का नया संघटन है, पुनर्रचना है। एक समय

के बाद विरूपण या अजनबीकरण घिस घिसाकर पुराना पड़ जाता है। उपमान के मैलेपन का उल्लेख अज्ञेय ने भी किया है। साहित्य की नई शैली, शब्द-विन्यास, बिम्बों-प्रतीकों का प्रयोग कालान्तर में रीतिबद्ध हो उठते हैं। अतः परिवर्तन की अपेक्षा होती है। इसी तरह साहित्यिकता के अपने रूप ताजगी के तहत बदलते रहते हैं।

बदलने का अभिप्राय यह नहीं है कि पुराने बिम्बों-प्रतीकों आदि को मैले-कुचैले फटे कपड़ों की तरह फेंक दिया जाए। नये सन्दर्भों में उनका प्रयोग उन्हें नई अर्थवत्ता देगा। अतः यहाँ पर उन्हें नव्यतर रूप में पहचाना जा सकता है। बदलाव की प्रक्रिया में इसका इतिहास और भूगोल दोनों बदल जाते हैं। रूपवादियों का इतिहास से कोई मतलब नहीं है। जहाँ तक भूगोल का सम्बन्ध है उसकी सीमायें बदलती रहती हैं। इस परिवर्तन के फलस्वरूप सीमा पर रहने वाले तत्व केन्द्र में आ जाते हैं और केन्द्रीय तत्व सीमावर्ती हो उठते हैं। दूसरे शब्दों में कहा जा सकता है उस समय तक जो तत्व अमहत्वपूर्ण थे वे अचानक महत्वपूर्ण हो जाते हैं और महत्वपूर्ण तत्व अमहत्वपूर्ण। नदी के बदलते हुए रास्ते से इसकी तुलना की जा सकती है। इस बदलाव में दूर का क्षेत्र मुख्य धारा में शामिल हो जाता है और मुख्य धारा रेत हो जाती है। सामान्यतः पत्रकारिता, जासूसी कथायें आदि उपविधाएँ जो हेय मानी जाती हैं साहित्य की मुख्य धारा का अनिवार्य अंग हो जाती हैं।

तात्पर्य यह है कि सभी कलाएँ एक नैरन्तर्य में अस्तित्व पाती हैं। समय-समय पर उच्चतर कलाएँ अपने को नवीनीकृत करने के लिए उस नैरन्तर्य में ही अपनी सीमा-रेखाएँ बदलती रहती हैं। इस नैरन्तर्य में एक ही तत्व स्थिर है वह है साहित्यिकता। साहित्यिकता का अर्थ है संरचना। साहित्य का अपना निजी लक्ष्य संरचना ही है।

सस्यूर के शब्दों में साहित्य भाषा या 'लांग' है। यह स्वायत्त, आन्तरिक संगति से पूर्ण, अपनी सीमा में बद्ध और आत्मानुशासित संरचना है। अलग-अलग साहित्य वाक् या 'पैरोल' है जो अपने जनक 'लांग' से सम्बद्ध है। किन्तु समवेत रूप में वे साहित्य के अपने नियमों से—भाषा के आन्तरिक नियमों के तहत नियन्त्रित रहते हैं।

सस्यूर ने भाषा (लांग) को शतरंज के नियमों की तरह नियमबद्ध माना है। उच्चार या पैरोल व्यक्तिगत खिलाड़ियों की चालें हैं जो उपनियमों के तहत आते हैं। ठीक यही हाल साहित्य का भी है, उसके कुछ नियम हैं, रूढ़ियाँ हैं। प्रत्येक कृति पैरोल या उच्चार है जिसे शतरंज के खिलाड़ियों की तरह कृतिकार एक सार्वभौम नियम के अन्तर्गत चला करता है। रूपवादी इस चाल तथा साहित्यिक नियमों के बीच का रास्ता तलाशता है।

वस्तुतः 'रूपवाद', 'कलावाद' का ही दूसरा नाम है। इस कलावाद ने समीक्षा के क्षेत्र में काफी कहर ढाया है। साहित्य को जीवन से अलग करके सिर्फ संरचना तक ही अपने को सीमित कर लेना प्रतिक्रियावादी मनोवृत्ति की चरम सीमा है। साहित्य के

आस्वाद से भी इसे कुछ लेना देना नहीं है। जिस संवदेन शून्य भाषा यानी रोजमर्रा की भाषा को संवेदन-पूर्ण बनाने की चेष्टा की जाती है उसमें संवेदना क्या है? रूपवाद इस पर भी विचार नहीं करता।

सामाजिक परिवर्तन से इसका कोई सम्बन्ध नहीं है। साहित्यिक परिवर्तन अपने आप होता रहता है—यह परिवर्तन सिर्फ पुरानेपन को अपदस्थ करने के लिए होता है। इसमें सिर्फ भौगोलिक परिवर्तन होता है अर्थात् बिम्बों, प्रतीकों आदि की सीमा कभी बड़ी हो जाती है और कभी संकुचित। पर भौगोलिक परिवर्तन के मूल में इतिहास रहता है, जिससे रूपवादियों का कोई सरोकार नहीं है। पर भाषा सम्बन्धी उसके विचारों को आंशिक रूप में ही सही, समीक्षा-प्रणाली में अपनाया जा सकता है।

■

आलोचना और सौन्दर्यशास्त्र

पश्चिम में सौन्दर्यशास्त्र एक महत्वपूर्ण अनुशासन के रूप में प्रतिष्ठित हो चुका है। मराठी, बंगला आदि सभी में इस विषय पर विशिष्ट कृतियाँ आ चुकी हैं। हिन्दी में भी इस दिशा में कुछ कार्य हुआ है और हो रहा है। स्वतन्त्र अनुशासन के रूप में इसका विकास निश्चय ही प्रशंसनीय है, पर आलोचना के क्षेत्र में इसका प्रवेश किस सीमा तक ग्राह्य है और किस सीमा तक अग्राह्य, यह विवाद का विषय बना हुआ है। परन्तु जब धुरंधर सौन्दर्यशास्त्री अपनी दार्शनिक शब्दावली को आलोचना पर जबर्दस्ती थोपने की कोशिश में अपने पांडित्य का इजहार करने लगते हैं तो यह शास्त्र खतरनाक मालूम पड़ने लगता है। मराठी में मर्ढेकर ने अपना सौन्दर्यशास्त्र गढ़ने का दावा किया है, किन्तु जब वे अपने ही सौन्दर्यशास्त्रीय प्रतिमानों को साहित्यिक कृतियों पर लागू करने की कोशिश करते हैं तो वे प्रतिमान अप्रासंगिक और बौने प्रतीत होने लगते हैं। ऐसी स्थिति में उनका दावा अपने आप खंडित हो जाता है।

एफ० आर० लेविस को पहले ही इस खतरे का आभास हो चुका था। वह अपनी पुस्तक 'दी कॉमन परसूट' के एक निबन्ध 'आलोचना और दर्शन' में दर्शन को आलोचना के क्षेत्र से खारिज कर देता है। वह कहता है—'साहित्यिक आलोचना और दर्शन विभिन्न प्रकार के विशिष्ट अनुशासन हैं। मेरे विचार से उन्हें अलग ही रहना चाहिए। (दर्शन एक गंभीर अनुशासन है, साहित्यिक आलोचना सामान्यत: नहीं है।) दार्शनिक अनुशासन किसी को बेहतर आलोचक बनाने में मदद कर सकता है, पर साहित्यिक आलोचना दर्शन नहीं है।.....साहित्यिक आलोचना का अपना वैशिष्ट्य है, उसका अपना भिन्न और स्वतंत्र अनुशासन है।'

दर्शन की चर्चा करते समय लेविस की दृष्टि में सौन्दर्यशास्त्र (एस्थेटिक्स) है। यह शास्त्र गम्भीर कम है, जटिल ज्यादा। सौन्दर्यशास्त्र का अध्ययन-मनन किसी को बेहतर आलोचक बना सकता है, इसमें मुझे पूरा शक है, हाँ इतना जरूर है कि उसे शब्दों का इन्द्रजाल खड़ा करने में महारत हासिल हो सकती है। यह शास्त्र अपने आप में इतना अनिर्णीत और केन्द्रच्युत है कि इसके संबंध में सैद्धांतिक रूप से निश्चित विचार सरणियों का निर्धारण नहीं किया जा सकता। स्पारशाट ऐसे सौन्दर्य शास्त्री का कहना है कि—'इस विषय पर इतना अधिक लिखा गया है पर उसमें बहुत कम पढ़ने लायक है और यह जानना बड़ा कठिन हो जाता है कि दरअसल हो क्या रहा है।.....सौन्दर्य शांस्त्र में तो जैसे सब कुछ चलता है। मूल समस्याओं और दृष्टि बिंदुओं का कोई निश्चित आधार न होने से कुछ लेखक बिना संकोच या लज्जा के जो मन में आया लिखते हैं। परिणामत: इनके लेखों में गलत दृष्टांत, उलटे सीधे सिद्धांत-निरूपण और

तर्कों के छद्मवेश में रूपक भरे पड़े हैं। इनके बावजूद सौंदर्य के बिंदु पर कलाकार, सौंदर्यशास्त्री और आलोचक तीनों मिल जाते हैं। कलाकार सौंदर्य की सृष्टि करता है। सौंदर्यशास्त्री सौंदर्यानुभव की विवेचना करता है और आलोचक कलाकृति का समग्र विश्लेषण।'

प्रश्न होता है कि जिस सौन्दर्य बिन्दु पर कलाकार, सौन्दर्यशास्त्री और आलोचक तीनों का मिलन होता है, वह स्वयं क्या है? यह मानकर चलना पड़ता है कि कला सुन्दर होती है जो सुन्दर नहीं है वह कला नहीं है, किन्तु यह सुन्दर क्या है? क्या कला विशिष्ट-रूप-विन्यास, शिल्प साकल्य का सौन्दर्य है? क्या शिल्प साकल्य को सौन्दर्य का पर्यायवाची कहा जा सकता है? या सौन्दर्य शिल्प-साकल्य से सम्बद्ध होते हुए भी भिन्न है? पहले सुन्दर को ही समझ लिया जाये।

सुसेन के० लैंगर ने अपनी पुस्तक 'फिलासिफी इन न्यू की' में एक सवाल उठाया है कि वह कौन सी वस्तु है जो कलाकृति को मात्र कारीगरी से अलग करती है? यूनानी 'बेस' क्यों कलाकृति है और न्यू इंग्लैण्ड का हाथ का बना 'बीन पात्र' क्यों नहीं है? 'यूनानी बेस' एक पारम्परिक पद्धति के अनुरूप घरेलू उपयोगिता के लिए, अनाज अथवा तेल रखने के लिए, निर्मित हस्तकौशल का नमूना है। फिर भी इसका कलात्मक मूल्य है। क्यों?

इसके उत्तर में वह कहती है कि यूनानी 'बेस' कलाकृति है, क्योंकि वह सुन्दर है। कलात्मक मूल्य का अर्थ है सुन्दर होना। बीन पात्र की आकृति आकर्षक है, आँखों को पकड़ती है। पर उसका रूपाकार सामान्य है, कला-निरपेक्ष है। उसमें क्या कमी है? यही न कि कलात्मक नहीं है। 'बीन पात्र' की कारीगरी में कमी नहीं है, उसका शिल्प दर्शनीय है। पर उसमें कलात्मक सौन्दर्य नहीं है। क्लाइवबेल सुन्दर को महत्वपूर्ण रूप (सिग्निफिकेंट फार्म) कहता है। एल०ए०रीड कलाकृति को अभिव्यंजनात्मक रूप (एक्सप्रेसिव फार्म) की संज्ञा देता है। रोजरफ्राई भी इसी शब्द को अपने ढंग से स्वीकार करता है।

'महत्वपूर्ण' शब्द से कुछ ठोस वस्तु की अभिव्यक्ति नहीं हो पाती है। पर 'अभिव्यंजनात्मक रूप' में एक विशेषण से अलंकृत है। विशेष्य विशेषण दोनों एकीकृत होकर महत्वपूर्ण (सिग्निफिकेंट) बनते हैं! अभिप्राय यह कि रूपबद्ध होने के पहले भी कोई वस्तु थी, किन्तु रूपबद्ध होकर विशिष्ट रूप में रूपांतरित होकर वह महत्वपूर्ण हो उठती है। रूप को कलात्मक (सुन्दर) मूल्य प्राप्त करने लिए अभिव्यंजनात्मक होना ही पड़ेगा।

नृत्य का उदाहरण लेकर इसे स्पष्ट किया जा सकता है। नृत्य एक विशिष्ट व्यंजक रूप है। केवल पैरों की गति हथेलियों और उँगलियों की मुद्राएँ, नेत्रों, भौंहों और चेहरों की भंगिमाओं को समन्वित रूप से नृत्य नहीं मानना होगा। इसको शरीर से पृथक नहीं किया जा सकता। शरीर के साथ ही इन्हें देखना होगा। शरीर भंगिमाओं को न स्वीकृत करना है और न अभिव्यक्त। वह टी०एस०इलिएट का कैटेलिक एजेन्ट भी नहीं है।

शरीर के अतिरिक्त नृत्य क्या होगा? अपनी गतियों-भंगिमाओं में शरीर ही नृत्य है। स्मरण रखना, चाहिए कि बेतुकी गतियों को नृत्य नहीं कहा जायेगा। गति, लय, पैटर्न आदि में विशेष प्रकार का सामंजस्य होता है।

इस विशिष्ट रूप का सौन्दर्यानुभव प्रत्यक्षीकरण द्वारा ही हो सकता है। १८वीं शती में एलेक्जेण्डर गोटेलिएट वामगार्टेन ने 'एस्थेटिक' को प्रत्यक्षीकरण के विज्ञान के अर्थ में लिया था। तब से कला को एक संस्थान के सौन्दर्यशास्त्री प्रत्यक्षीकृत वस्तु के रूप में ही लेते हैं। प्रत्यक्षीकृत न होने के कारण मर्ढेकर साहित्य को घटिया दर्जे की कला मानते हैं। कलानुभव इसके अभाव में कल्पनातीत है। कला का विवरण, वर्णन, विश्लेषण आदि कला की बौद्धिक जानकारी भर देते हैं। पिकासो के चित्र 'लवर्स' को ही लें। चित्रगत रंग-रेखा का समानुगतिक योग, प्रेमी-युगल की भंगिमाएँ, रसार्द्र मुद्राएँ, चाहे जिस गहरायी से विश्लेषित की जायँ, वे 'लवर्स' का पर्याय नहीं हो सकेंगी तो उसके सौन्दर्यानुभव के लिए चित्र का चाक्षुष सान्निकर्ष अनिवार्य है।

पहले ही कहा जा चुका है कि साहित्य के साथ चाक्षुष सन्निकर्ष नहीं हो सकता। चित्र-मूर्ति की तरह दिग्कला नहीं है, वह कालिक कला है। शब्दों को न छुआ जा सकता है न देखा जा सकता है। कविताओं में तो बिम्ब के लिए अवकाश रहता है, पर उपन्यासों में तो वह भी नहीं रहता। साहित्य को आद्यन्त पढ़ने के बाद एक विशेष प्रकार का प्रभाव पड़ता है। यही सौन्दर्यानुभव है। सौन्दर्यशास्त्रीय सौन्दर्यानुभव को प्रामाणिक मानने लगे हैं और उनके विवेचन का केन्द्र विन्दु सौन्दर्यानुभव हो गया है।

प्रारंभ में ही यह प्रश्न उठाया गया था कि क्या सौन्दर्यानुभव शिल्पसाकल्य के कलारूप से सर्वथा भिन्न है? इस संदर्भ में सौन्दर्यशास्त्रियों ने दो तत्वों की चर्चा की है—सौन्दर्यात्मक और असौन्दर्यात्मक। कला का शरीर-विन्यास असौन्दर्यात्मक तत्व है, लेकिन इसी से सौन्दर्य प्रादुर्भूत होता है। सौन्दर्य वही नहीं है जो शरीर-विन्यास है। लेकिन इस विन्यास के अभाव में सौन्दर्य कल्पनातीत है। शरीर विन्यास का एक लघु परिवर्तन सौन्दर्यानुभव को बदल देता है। मूल चित्र से उसकी अनुकृति का सौन्दर्य थोड़ा भिन्न हो जाता है। उसके रेखा-रंग में थोड़ा धुंधलापन हो या चमकीलापन, परिवर्तन आ ही जाता है।

नाटक में हम नाट्य और नृत्य में गति-विक्षेप देखते हैं। कविता में एक प्रकार का विन्यास होता है तो उपन्यास कहानी में दूसरे प्रकार का। मुद्रण में कविता की प्रत्येक छोटी-बड़ी पंक्ति स्वतंत्र रूप से अलग-अलग दिखाई पड़ती है, जबकि कहानी-उपन्यास में नहीं। फिल्म अपने विशिष्ट माध्यम के फलस्वरूप रूपाकार में अलग होती है।

इस विवेचन से न तो कलारूप का वैशिष्ट्य प्रकट हो पाता है और न सौन्दर्य का स्वरूप। इन दोनों से संबंधों का भी कोई पता नहीं लग पाता। सौन्दर्य को तो रस की तरह अनिवर्च मान लिया गया है। पर रूप के सम्बन्ध में भी विस्तारपूर्वक कहीं नहीं

बताया गया है। इससे कहीं ज्यादा बेहतर और प्रामाणिक विवेचन भारतीय काव्यशास्त्र में मिल जाता है।

रस–ध्वनिवादियों के अतिरिक्त शेष आचार्यों ने काव्यशरीर और काव्यसौन्दर्य की तत्वाभिनिवेशिनी व्याख्या की है। इस व्याख्या से आधुनिक सौन्दर्यशास्त्री और नई समीक्षा के प्राचार्य बहुत कुछ सीख सकते हैं। भरत मुनि ने तो मंच पर अभिनीत होने वाले समस्त नाट्य प्रपंच को ही रस कहा है। रस विभावादि के संयोग से मंच पर साकार होता है, मूर्त होता है। सामाजिक रस को आस्वादित करता है। नाट्य शरीर और रस एक ही है यानी नाट्य ही रस है।

आनन्दवर्धन ध्वनिवादी थे। प्रतीयमान अर्थ के सन्दर्भ में उन्होंने लावण्य की चर्चा की है—

प्रतीयमानं पुनरन्यदेव वस्त्वस्ति वाणीषु महाकवीनाम्
यत् यत् प्रसिद्धावयवातिरिक्तं विभाति लावण्यमिवाङ्गनासु

अर्थात् प्रतीयमान् कुछ और ही चीज हैं जो प्राणियों के प्रसिद्ध अवयव मुख, नेत्र, नासिका, अधरोष्ठ आदि) से भिन्न (उनके) लावण्य के समान, महाकवियों की वाणी में अलग से ही भासित होता है। और लावण्य क्या है—

मुक्ता फलेषु छाया या स्तरलत्वभिवान्तरा।
संलक्ष्यते यदङ्गेषु तल्लावण्यमिहोच्यते॥

मोतियों में तरल छाया (पानिप) की भाँति जो वस्तु अंगों में दिखायी देती है वह लावण्य है। जाहिर है कि पानिप या लावण्य अंगों में प्रतिभासित होकर भी उससे भिन्न है। पर उसे 'लोकेट' शरीर या वाणी में ही किया जा सकता है। महाकवियों की वाणी में सौन्दर्य का होना जरूरी है अन्यथा वाणी महाकवियों की वाणी नहीं होगी।

वामन और कुन्तक इसे और भी अधिक तर्कसंगत ढंग से प्रस्तुत करते हैं। वामन का कहना है—'सौन्दर्यमलङ्कार:'—सौन्दर्य ही अलंकार है। सौन्दर्य और अलंकार पर्यायवाची शब्द है। भामह की काव्य-परिभाषा उसे स्वीकार्य नहीं है, क्योंकि 'शब्दार्थौ सहितौ काव्यम्' से न तो शब्दार्थों के विन्यास का पता लगता है, न काव्य के बुनियादी तत्व सौन्दर्य का। उसके मतानुसार 'काव्यं ग्राह्यं अलंकारात्' अर्थात् अलंकार के कारण ही काव्य काव्य होता है। यहाँ अलंकार का अर्थ सौन्दर्य है।

अलंकार का प्रयोग वह दो अर्थों में करता है—सौन्दर्य और उपमादि अलंकार के अर्थ में। 'सौन्दर्यमलङ् कार:' की वृत्ति लिखते हुए वह कहता है—'अलंकृति: अलंकार:। करणव्युत्पत्या पुन: अलंकार शब्दोयम् उपमादिषुवर्त्तते।' 'अलंकृति स्वयं अलंकार है। कारणभूत होने से उपमादि भी अलंकार है।' पुन: शब्द अलंकार के दोनों अर्थों-सौन्दर्य और पारंपरिक अलंकार को अलगा देता है।

रह गया प्रश्न सौन्दर्य के सम्पादन का। वामन के मतानुसार सौन्दर्य दोषहीन और गुणालंकार से सम्पादित होता है। इनमें गुण-काव्य का नित्य धर्म है, अलंकार अनित्य।

अभिप्राय यह है कि गुण के अभाव में शब्दार्थों में काव्यत्व (सौन्दर्य) नहीं आ सकता जबकि अलंकार इसके लिए अनिवार्य नहीं है। गुण शब्द के भी होते हैं और अर्थ के भी। इनका समायोजन ही काव्य है।

काव्य-शरीर पर वामन विशेष बल देता है। वह रीति को काव्य की आत्मा कहता है। रीति का अर्थ है विशिष्ट पद-रचना। विशिष्ट का अभिप्राय गुण है। गुण रचना के विन्यास पर निर्भर करता है। इसके फलस्वरूप सौन्दर्य-सृष्टि होती है। इस तरह काव्य के चार घटक हुए—शब्दार्थ, रीति (संघटना), गुण और सौन्दर्य। शब्दार्थ को कच्चा माल कहा जाता है। रीति को पदों की संघटना कहा गया है। प्रश्न उठता है कि इसे शब्दार्थों की संघटना क्यों नहीं कहा गया। मूलतः संघटना पदों या शब्दों की ही होती है। पण्डितराज ने स्पष्ट शब्दों में कहा है—'रमणीयार्थ प्रतिपादकः शब्दः काव्यम्।' गुण रीति पर आश्रित होता है। जिस प्रकार के पदों का समायोजन होगा उस प्रकार का गुण उत्पन्न होगा। स्मरण रखना चाहिए कि रीति विशेष प्रकार का पद-बन्ध है।

पद-बन्ध या रीति को उसने काव्य के सन्दर्भ में ही निरूपित किया है। वह काव्य के दो भेदों का उल्लेख करता है—गद्य और पद्य। गद्य के दुर्बन्धत्व से वह भली-भाँति परिचित था। विषय के अनिर्दिष्ट होने के कारण उसमें दुर्बन्धत्व आ जाता है। इसके फलस्वरूप रचना कष्टसाध्य हो जाती है। आज भी गद्य की विधा सुनिश्चित बन्धों में नहीं बंध पायी है और न कभी बंध सकती है। इस सिलसिले में वह एक लोकोक्ति पेश करता है—'गद्यं कवीनां निकषा वदन्ति'। गद्य कवियों की कसौटी क्यों है? गद्य का बन्ध इतना अनिर्णीत होता है कि उसे निश्चित रूप देना काफी कष्टसाध्य है। पद्य में मात्राएँ, लघु गुरु आदि का क्रम निर्धारित होता है। आज की निर्बन्ध कविताएँ गद्य के निकट पहुँच गयी हैं। फिर भी पंक्तियों के स्वतन्त्र अस्तित्व, बिम्ब, लय आदि के कारण उनका रूपाकार गद्य से भिन्न होता है। गद्य भाषा बद्ध होता है, तो पद्य शब्दबद्ध।

गुण की प्रतीति कैसे होती है? इसका उत्तर देते हुए वह कहता है—संवेद्यत्वात। अर्थात् गुण सहृदय संवेद्य होते हैं, लेकिन यह गुण सौन्दर्य नहीं है। सौन्दर्य सम्पूर्ण और अविभाज्य काव्य की फलश्रुति है।

अभिव्यंजनात्मक रूप या 'सिगनीफिकेंट फार्म' की सबसे विशद व्याख्या कुन्तक ने की है। वह रूप की सम्पूर्णता अविभाज्यता और अखण्डता की चर्चा करता हुआ लिखता है—'सालंकृतस्यकरण सहितस्य। निरस्तावयवस्य सतः काव्यता कवि कर्मत्वम्। तेनालंकृत्य काव्यत्वमिति स्थितिः न पुनः काव्यस्यालंकार योगे इति।' अर्थात् अलंकार सहित अवयवरहित सम्पूर्ण वचन ही काव्यता-कवि कर्मत्व है। अलंकार युक्त होने पर ही वह काव्य होता है। काव्य में अलंकार का (अलग से) योग नहीं होता।

यहाँ 'अलंकार सहित' और 'अवयव से निरस्त' शब्द अत्यधिक महत्वपूर्ण है। अलंकार (वक्रोक्ति) काव्य का अविभाज्य अंग है। 'निरस्तावयव' में अवयव तो है पर वे एकीकृत होकर निरस्त हो गये हैं गायब हो गये हैं। छोटे-छोटे अवयव अपनी

स्वतन्त्र सत्ता को समाप्त कर एक और अविभाज्य हो गये हैं।

क्रोचे के विचार भी कुछ इसी तरह के हैं—'कोई पूछ सकता है कि अभिव्यक्ति में अलंकारों का योग कैसे होता है? बाह्य रूप से होता है? इसमें वह अलग रहेगा। अगर कहा जाय कि उनका योग भीतर से होता है तो न वे अभिव्यक्ति को सहायता पहुँचाते हैं और न क्षतिग्रस्त करते हैं। वे सम्पूर्ण के, अवयवी के अंग हो जाते हैं और सम्पूर्ण के निर्माणात्मक उपकरण बनकर अंगी से अभिन्न हो उठते हैं।

पर काव्य के स्वरूप की असली पहचान क्या है? कुन्तक तुरन्त उत्तर देगा—वक्रता। प्रश्न हो सकता है कि क्या कलामात्र का वैशिष्ट्य वक्रता नहीं है? बिहारी ने लिखा है—'आधु बकाई ही बढ़ै तरुनि, तुरंगम तान' तरुणी, तुरंग और तान का मूल्य बाँकपन के कारण बढ़ जाता है। तान में आरोह-अवरोहवक्रता ही है। माध्यम की भिन्नता के कारण वक्रता का स्वरूप बदल जाता है। ग्रीक मूर्तियों और अजन्ता के चित्रकारी का सौन्दर्य-वक्रता ही है। खजुराहो के मन्दिरों में उत्कीर्ण मूर्तियों के संबंध में यही सच है। वक्रता को कलामात्र का रूपाधायक तत्व कहा जा सकता है।

काव्य का माध्यम भाषा है। अत: उसके स्वरूप को समझने के लिए वक्रता की समझदारी जरूरी है। कुन्तक के पहले भामह ने कहा था—'वक्राभिधेयशब्दोक्तिरिष्टा वाचामलंकृति:'—वक्र शब्द और अर्थवाली उक्ति ही वाणी का इष्ट सौन्दर्य है। उसके मतानुसार फलों के नमित वृक्षों के मुकुलित पुष्पों के उल्लेख से काव्य शोभित नहीं होता। उसकी शोभा की सिद्धि वक्रोक्ति से ही होती है। वक्रोक्ति से ही अर्थ का विभावन होता है। विभावन का अभिप्राय है भावयुक्त होना। कवि को वक्रोक्ति की सिद्धि करनी चाहिए। आज के शब्दों में कहा जा सकता है कि कवि को कथन की भंगिमा पर ध्यान देना चाहिए, क्योंकि क्या कहा जाता है दोनों भिन्न नहीं हैं?

शब्दार्थ काव्य नहीं है। इसे वह अलंकार्य कहता है। वक्रोक्ति अलंकार है। अलंकार्य और अलंकार एकीभूत होकर काव्य होते हैं। वक्रोक्ति को वह 'वैदग्ध्य 'भंगीभणित' कहता है। वैदग्ध्य कवि-कवि-कर्म-कौशल है। उसकी भंगी यानी विच्छित्ति या शोभा से युक्त भणिति। दूसरे शब्दों में वक्रोक्ति का अर्थ है सामान्य कथन प्रणाली से भिन्न असामान्य कथन शैली।

काव्य के समग्र रूप पर विचार करते हुए वह उसे परिभाषित करता है—

शब्दार्थौ सहितौ वक्र कविव्यापारशालिनि।
बंधे व्यवस्थितौ काव्यं तद्विदाह्लादकारिणि॥

इसमें चार घटक हैं—(१) शब्दार्थौ सहितौ, (२) वक्रकविव्यापारशालिनि, (३) बन्धेव्यवस्थितौ और (४) तद्विदाह्लादकारिणि। चारों मिल कर काव्य रूप की सम्पूर्णता प्रस्तुत करते हैं। शब्दार्थों के सहभाव को वह अपने पूर्ववर्ती आचार्यों से भिन्न अर्थ में व्याख्यायित करता है। कुछ लोग सौन्दर्य की अतिशयता वाले शब्दों को काव्य कहते हैं और दूसरे चमत्कार उत्पन्न करने वाले अर्थ को काव्य कहते हैं। वस्तुत: किसी एक में

चमत्कार नहीं होता, दोनों के सहभाव में होता है। सहभाव की उत्पत्ति शब्द की अन्य शब्दों से और अर्थ की अन्य अर्थों से स्पर्धा द्वारा होती है—यह स्पर्धा चारुता के लिए होती है। जिन शब्दों का प्रयोग किया गया है यदि उनमें कुछ कम चमत्कारिकता अथवा वे फालतू हों तो अभीष्ट सौन्दर्य की हानि हो जाती है अगर अर्थ-चमत्कार की शृंखला में कोई अर्थ कम चमत्कारक हो तो भी काव्यता क्षरित हो जाती है।

एक उदाहरण द्वारा इसे अच्छी तरह स्पष्ट किया जा सकेगा—

मूत और गोबर की सारी गंध उठाये
हवा बैल के सूजे कन्धे से टकराये
खाल उतारी हुई भेड़-सी
पसरी छाया नीम-पेड़ की
डाँय-डाँय करते डाँगर की सीगों में
सारा आकाश फँसा है।

धूमिल

इसमें मूत, गोबर, बैल का सूजा कन्धा, डाँगर काव्यबन्ध को, अभीष्ट अर्थ को आवयविक सम्पूर्णता देने में स्पर्धाधर्मी हैं। पर तीसरी-चौथी पंक्तियों के शब्द अन्य शब्दों की स्पर्धा में हीन ठहरते हैं। अर्थ की स्थिति भी इससे भिन्न नहीं है। ये पंक्तियाँ अंगी का अपरिहार्य अंग नहीं बन पातीं। इसलिए यहाँ कुन्तक के शब्दों में साहित्यविरह (सहभाव का अभाव) पाया जाता है।

अलंकार या वक्रता काव्य का स्वरूपाधायक धर्म है, इसी से काव्य में काव्यता आती है। इस वक्रता के द्वारा ही काव्यभाषा को शास्त्र, व्याकरण, विज्ञान आदि की भाषा से अलगाया जाता है। सामान्य कथन से भिन्न, विचित्र प्रकार की वर्णन शैली का नाम वक्रोक्ति है। यह विदग्धता के भाव से युक्त कविकर्म का कौशल है, शैलीगत भंगिमा का सौन्दर्य है। इसी को कवि का वक्र व्यापार कहा गया है। इस सन्दर्भ में व्यापार का अर्थ रूप-विन्यास है।

'बन्धे व्यवस्थितौ' में वह 'बन्ध' की व्याख्या करता हुआ लिखता है कि 'वाच्य वाचक सौभाग्य लावण्य का परिपोषक व्यापार युक्त वाक्य विन्यास' बन्ध कहा जाता है। विन्यास का मतलब है शब्दों का यथोचित सन्निवेशन। प्रस्तुत काव्य क्रिया (रचना) ही व्यापार है। शब्दों के यथोचित सन्निवेशन से लावण्य उत्पन्न होता है और सहृदय को चमत्कृत करने वाला गुण सौभाग्य है। सौभाग्य सम्पूर्ण रचना का फल है। पर यह सब कुछ बन्ध की कुशलता पर निर्भर करता है।

आनन्दवर्धन की लावण्य सम्बन्धी विवेचना का खण्डन करते हुए कुन्तक का कहना है कि अर्थ के लिए नारी शरीर के लावण्य का जो सादृश्य उपस्थित किया गया है वह समीचीन नहीं है। इस दृष्टान्त से प्रतीयमान का अस्तित्व वाच्यवाचक रूप प्रसिद्ध अवयवों से भिन्न सिद्ध होता है। स्त्री का लावण्य समस्त (सामान्य) पुरुषों की आँखों द्वारा ग्रहण किया जाता है। उसे केवल सहृदयों द्वारा अनुभूत प्रतीयमान अर्थ के

सदृश नहीं माना जा सकता। कामिनियों का सौभाग्य नायक विशेष के ही संवेदन का विषय है, जबकि काव्य का सौभाग्य सहृदयों के संवदेन की वस्तु है।

राजानकरुय्यक ने 'सहृदय लीला रहस्य' में 'रूप, वर्ण, प्रभा, राग, आभिजात्य, विलासिता, लावण्य, लक्षण, छाया और सौभाग्य'' को स्त्री-पुरुष का सहज गुण माना है। वस्तुतः रूप वह है जो सौभाग्य को प्रतिफलित करता है। कालिदास ने कुमार सम्भव में लिखा है—'प्रियेषु सौभाग्य फला हि चारुता।', 'सुभग' व्यक्ति में कुछ ऐसे रंजनपरक गुण होते हैं जो सहृदय को स्वयं ही आकृष्ट कर लेते हैं। रूप-रेखाओं के उभार, शब्दों के सन्निवेशन, बाह्य व्यापार हैं और सौभाग्य आन्तरिक व्यापार है। कालिदास के ही शब्दों में 'निनिन्द रूपं हृदयेन पार्वती, प्रियेषु सौभाग्य फला हि चारुता। जो रूप प्रिय को संवेदनशील न बना सके वह निन्दनीय है।

जाहिर है कि सहृदय काव्य की अपूर्वता से प्रभावित होता है। यह अपूर्वता मूलतः बन्ध में ही निहित है, बन्ध यानी रचना में। लगता है कुन्तक ने काव्य की परिभाषा कवि-कर्म और सहृदयता की दृष्टि से की है। यदि परिभाषा को उलट दिया जाये तो संग्रहण की क्रिया स्पष्ट हो जाती है। आह्लादत्व, बन्ध, वक्र कवि-व्यापार और शब्दार्थ। प्रबुद्ध पाठक अपने को केवल आह्लाद तक ही सीमित नहीं रखता। जिस बन्ध से उसे आह्लाद की अनुभूति होती है वह उससे भी टकराता है। आह्लाद और बन्ध में समवाय संबंध होता है। इस प्रक्रिया द्वारा वह रचना की गहनतर संरचना में प्रवेश करता है। सारा बन्ध ही कवि का वक्र व्यापार है। इस वक्रता की पकड़ के अभाव में वह काव्य के 'जीवित' में—प्राणवत्ता में—प्रविष्ट नहीं हो सकता। इसके अनन्तर वह शब्दार्थों की कालिक संगति या स्पर्धाधर्मी संगति की तह में पैठता है।

कहना न होगा कि सौन्दर्यशास्त्री की अपेक्षा काव्यशास्त्री के पास कलारूप को समझने के लिए ज्यादा अच्छे उपकरण हैं। इसलिए रूपात्मक महत्ता को समझने का सौन्दर्यशास्त्रीय दावा अर्थहीन ही नहीं, बल्कि गुमराह कराने वाला है।

सौन्दर्यशास्त्रियों की दृष्टि में कला-मूल्य का अर्थ है सौन्दर्य। इसलिए कला को सौन्दर्योत्तर प्रतिमानों से समीक्षित नहीं करना चाहिए। कला नैतिकता, सामूहिकता, जागतिक समस्याओं आदि से अपने को निरपेक्ष रखती है इसीलिए सबसे पहले कांट ने साहित्य की स्वायत्तता का सवाल उठाया। उसके मतानुसार सौन्दर्यशास्त्रीय अनुक्रिया निःसंग संतुष्टि में होती है। कला को वह आनन्द या भावों के संप्रेषण से भी अलग रखना चाहता है। यदि कलानुभूति आनन्दानुभूति है तो यह अन्य वस्तुओं से भी हो सकती है। वे अन्य वस्तुएँ कला का स्थानापन्न मानी जा सकती हैं। आनन्द क्षणिक होता है। सौन्दर्य शाश्वत और दुहराया जाने वाला होता है। उसके पीछे कोई आकांक्षा नहीं होती। कांट के शिष्य शिलर ने कला को 'प्ले' कहकर कला के लिए कला का समर्थन किया। सन् १८०४ में बेंजामिन कांस्टेन्ट ने 'कला के लिए कला' का प्रयोग किया जो गातियर और फ्लाबयर के लिए मंत्र बन गया। अतः सारी बातें कला की

रूप-रचना तक ही सीमित हो गईं। कला के लिए कला संस्थान के लिए सौन्दर्यशास्त्री और समीक्षक (संरचनावादी समीक्षक) इस बिन्दु पर एक हो गये।

स्वायत्तता पर जरूरत से ज्यादा जोर देने का फल यह हुआ कि कला में उपस्थित वस्तु को सर्वथा बहिष्कृत कर दिया गया। बहुत से कलाकार 'डी-ह्यूमनाइजेशन आफ आर्ट' का अभ्यास करने लगे। यानी आदमी का चित्र बनाना हो तो वह कम से कम आदमी हो, साहित्य का वास्तविकता से कम से कम नाता हो। ऐसा करने के लिए वे कला को वस्तु तत्व से विरहित या पहचान के परे तक विकृत करने लगे। इस आन्दोलन को सैद्धान्तिक आधार देने का काम रोजर फ्राई और क्लाइबेल ने किया। इसके फलस्वरूप कला शुद्ध पैटर्न होकर रह गई।

कला के शुद्ध पैटर्न से एक विशेष प्रकार का बोध होता है जिसे पश्चिम में सौन्दर्य बोध और अपने देश में रस-प्रतीति कहा गया है। सौन्दर्य बोध, सुख-बोध (प्लेजेन्ट) से भिन्न होता है। सुख-बोध के पीछे आकांक्षा की तृप्ति निहित होती है, एक निश्चित व्यक्तिनिष्ठ उद्देश्य होता है, सुख-बोध का स्वरूप पहले ही से ज्ञात होता है, उसकी अनुभूति सुख की प्राप्ति के समय होती है। पर सौन्दर्यबोध पहले से ज्ञात नहीं होता और न उसमें व्यक्तिनिष्ठ उद्देश्य का समावेश होता है। सौन्दर्य-बोध साधारणीकृत और व्यक्ति-निरपेक्ष होता है।

भारतीय रसशास्त्रियों ने इसे ब्रह्मानन्द सहोदर कहा है—अभिनव ने आनन्द को तीन वर्गों में विभाजित किया है-विषयानन्द, काव्यानन्द और ब्रह्मानन्द। विषयानन्द में पूर्णता नहीं होती और न वह स्वनिरपेक्ष होता है। इसमें चेतना दूसरे विषयों की ओर अग्रसर होती है। काव्यानन्द 'वीतविघ्न' होता है। पर यह विषय-संस्कारों से अनुविद्ध रहता है। इसलिए इसे परमानन्द या ब्रह्मानन्द नहीं कहा जाता। परमानन्द में विषय का संस्पर्श नहीं रहता।

इस सौन्दर्यानुभव या रस की अलौकिकता को मैं बहुत दूर तक नहीं घसीटना चाहता, किन्तु इसके साथ यह प्रश्न जरूर लगा हुआ है कि साहित्य के समीक्षक के लिए इसे कितना उपादेय समझा जा सकता है। क्या उसका कर्तव्य यही है कि वह रस की एकघनता का स्पष्टीकरण करे? क्या वह यह बताये कि अमुक रचना के सौन्दर्य का स्वरूप क्या है। लगता है सौन्दर्य या रसमीमांसा समीक्षक के मार्ग का सबसे बड़ा काँटा है। इस भूलभुलैया में भटककर समीक्षक अमूर्तन की ओर बढ़ने लगता है और कला की मूर्तता दृष्टि से ओझल हो जाती है। वह दर्शन-शास्त्र के अन्तर्गत आता है न कि समीक्षा के अन्तर्गत। अतः सौन्दर्यानुभव या रसानुभूति से अलग रहकर समीक्षा का कार्य ठीक तरह से सम्पादित हो सकता है।

स्पष्ट है कि जब समीक्षक सौन्दर्य की बात करता है तो कला-समीक्षा के क्षेत्र से हटकर दर्शन के क्षेत्र में प्रविष्ट हो जाता है, लेकिन यह भी सच है कि उसे नहीं भूलना चाहिए कि कलात्मक मूल्य का अर्थ सौन्दर्य है। सौन्दर्यानुभव निश्चित ही विलक्षण

होता है, अलौकिक होता है पर क्या ऐसा होता है कि जीवनानुभव से उसका कोई सादृश्य स्थापित नहीं किया जा सकता? यह भी कहा जाता है कि ऐसा करने से कलानुभव नष्ट हो जाता है। अन्य कलाओं के संबंध में निश्चयात्मक रूप से चाहे कुछ न कहा जा सके पर अपने विशिष्ट माध्यम के कारण साहित्य अर्थ-मीमांसा से पृथक् नहीं हो सकता। संस्कृत के आचार्यों ने इसीलिए बार-बार दुहराया है कि साहित्य में शब्द और अर्थ का सहभाव होता है या रमणीय अर्थ का प्रतिपादन करने वाला शब्द होता है।

लेकिन जब शब्द को छोड़कर केवल अर्थ के आधार पर अर्थापन किया जाता है तब कला का अपना मूल्य नष्ट हो जाता है। आलोचक रचना पर अपने को प्रक्षेपित करने लगते हैं। वे जादूगर की तरह जो रचना में नहीं है, उसे प्रदर्शित करते हुए अच्छा खासा करिश्मा खड़ा करने में नहीं चूकते। स्वयं रचना की दृष्टि से न देखकर उस पर अपनी दृष्टि चस्पा कर देते हैं, रूप से वस्तु को निचोड़कर अर्थापन का घरौंदा बना लेते हैं।

अर्थापक रचना को सम्पूर्णता में न देखकर, मूल पाठ को काँट-छाँट कर, उसे संदर्भच्युत करके, अपना उल्लू सीधा करता है। अर्थापन के मनमानेपन के कारण विद्यापति की रचनाओं पर कोई भक्ति का लेबिल लगा देता है और कोई शृंगार का। एक उत्साही अर्थापक सम्पूर्ण रीतिकाव्य को भक्तिकाव्य कहकर नये अर्थान्वेषण का सुख प्राप्त करता है। वल्गर-मार्क्सवादी 'गोदान' को प्रगतिवाद की कसौटी पर खरा उतार देता है। कसौटी पहले से ही बनी रहती है। उसे उतारना भर होता है।

अर्थापकों के चक्कर में काफ्का की रचनाओं का बुरा हाल हुआ है। उसके उपन्यासों को किसी ने मनोवैज्ञानिक, किसी ने धार्मिक और किसी ने सामाजिक अन्यापदेश (एलीगरी) कहा है। मनोवैज्ञानिक उनमें पिता के प्रति लेखक की भयग्रस्तता देखते हैं, उसकी नपुंसकता तलाशते हैं। धार्मिकों की दृष्टि में 'कैसिल' का 'के' स्वर्ग की खोज करता है, ट्रायल का 'के' ईश्वरीय न्याय का शिकार है। मार्क्सवादी अफसरशाही की निराशा और पागलपन में सर्वहारा राज्य का सन्धान कर लेते हैं। अर्थापन का यह सस्ता तरीका हर तरह की रचना पर लागू हो जाता है।

इस प्रकार के अर्थापन से बचने के लिए कला को अमूर्तन या अ—कला की ओर जाना पड़ा है। आधुनिक अमूर्त कलाओं के वस्तु-तत्त्व को पहचान पाना मुश्किल कार्य है। अमूर्तन की जरूरत सामान्यीकरण के लिए भी होती है पर आधुनिक कलाओं में सस्ते अर्थापनों से बचने के लिए भी ऐसा किया जाता है। यहीं पर अर्थापन चुक जाता है। फ्रांसीसी काव्यान्दोलन में रेम्ब्रा और मेलार्मे ने भाषा में जादुई शक्ति भरने की चेष्टा की, घिसे हुए शब्दार्थों को नयी अर्थवत्ता दी। किसी सीमा तक हिन्दी में यह कार्य शमशेर ने किया है। इसीलिए उनकी कविता का अर्थापन मुश्किल हो गया है।

अर्थापकों को शब्दों की ओर पुनः पुनः लौटकर आना पड़ता है। यह सारी गड़बड़ी इसलिए होती है कि अर्थ-मीमांसा को शब्द मीमांसा से अलग करके देखा जाता है।

यह सही है कि शब्द समाज की देन होते हैं और उनमें जो अर्थ होता है वह समाज प्रदत्त होता है। कवि किसी विशेष देश-काल में रहता है और उन्हीं के भीतर से जीवनानुभव बटोरता है। इसकी संवेदना को वह वर्षों झेलता रहता है। जीवनानुभव काव्य-बद्ध होकर विलक्षण हो उठता है। इस तरह इसके तीन रूप हो जाते हैं - जीवनानुभव, संवेदनानुभव और काव्यानुभव। कवि की अपनी संवेदनाएँ रचना-प्रक्रिया से गुजरकर एक नया और अनोखा रूप पा लेती हैं। कहा गया है कि 'अपारे काव्य संसारे कविरेकः प्रजापतिः'। इस प्रजापति कवि की रचना-प्रक्रिया को पकड़ने की कोशिश से बढ़कर आलोचना का मजाक नहीं हो सकता। परकाय प्रवेश की तांत्रिक क्षमता के अभाव में कवि की रचना-प्रक्रिया में प्रवेश पाना संभव नहीं है।

कहा जाता है कि शब्द बाह्य जगत की किसी न किसी वस्तु के संकेत-चिह्न या 'रिफरेंट' होते हैं। पर वास्तविकता यह है कि वह रचना के अंग-रूप में उसी का संकेत होता है न कि बाह्य जगत् की किसी वस्तु का 'रिफरेंट' होता है। यों काव्यार्थ सम्पूर्ण संरचना की संहिति में होता है, किसी एक शब्द या मुहावरे में नहीं। आलोचक का कार्य इस संरचना का पुनरन्वेषण होता है।

एक उदाहरण द्वारा इसे स्पष्ट करना ज्यादा ठीक है—

वह मुस्करा रहा था। मेरी
दुनिया की दुखती रग पर उँगली रख रहा था। इशारा
कर रहा था उस ओर जहाँ मैंने
रामचरितमानस के गीता प्रेस वाले गुटके पर
काफ्का का उपन्यास रख छोड़ा था याद
दिला रहा था उस दिन की, जिस दिन मैंने
छोटे भाई की वर्ष गाँठ पर डेल कारनेगी की किताबें
दी थीं और इस तरह उसका ध्यान सांसारिक
सफलताओं की ओर मोड़ा था। और *वेणुगोपाल*

रामचरितमानस पर काफ्का का उपन्यास रखने, वर्षगाँठ पर डेल कारनेगी की किताबें देने आदि के संयोजन से जिस मनःस्थिति को उपस्थापित किया जा रहा है उसे दुःख़, उदासीनता आदि का नाम नहीं दिया जा सकता। यह जीवन-जगत की रूढ़ संवेदनाओं से अलग है। यह अलगाव कैसे आया है इसका उत्तर तब तक नहीं मिलेगा जब तक रचनागत अंगांगि का समायोजन विश्लेषित नहीं कर लिया जायेगा। फिर भी इस विश्लेषण से कविता अपनी सम्पूर्णता में सम्प्रेषित नहीं होगी, केवल विश्लेषित होगी।

इसमें कोई सन्देह नहीं कि रचना-प्रक्रिया में जीवनानुभव बदल जाता है, लेकिन इतना नहीं बदल जाता कि पहचाना ही नहीं जा सकता। कविता की अपनी प्रकृति के कारण-भाषा-वैशिष्ट्य के कारण अनुभव का स्वरूप अपेक्षाकृत अधिक पेचीदा और जटिल होता है। लेकिन यह स्थिति कहानी-उपन्यासों में नहीं होती। उनमें जीवनानुभव की रेखाएँ अधिक उभरी हुई रहती हैं। इसलिए उन्हें अपेक्षाकृत अधिक पहचाना जा सकता है। अपनी स्पष्ट पहचान के कारण ही इन्हें कविता की तरह उड़ान नहीं समझा जाता। सौन्दर्यशास्त्र का इस पहचान से कोई मतलब नहीं है जबकि आलोचक का इससे गहरा सम्बन्ध है।

कला किसी भी देश की सांस्कृतिक धरोहर ही नहीं, बल्कि उसका जीवन होती है। विज्ञान के नये-नये आविष्कार सभ्यता के विकसित चरणों के द्योतक हैं। विज्ञान के नये आविष्कार के साथ पिछले आविष्कार या तो पुराने पड़ जाते हैं या गलत सिद्ध हो जाते हैं। पर कला के साथ ऐसा कुछ घटित नहीं होता, वह एक विशेष काल में निर्मित होकर भी काल की सीमाओं को लाँघकर जीवन के नित्य आयामों को उजागर करती रहती है। साहित्य अपनी विशिष्ट भाषिक रचना के कारण अनेक प्रकार की अर्थछबियाँ उकेरित करता है। समय के परिवर्तन के साथ सामाजिकों की दृष्टि बदल जाती है। निरन्तर बदलाव को झेल जाने वाला साहित्य क्लासिकल होता है। आलोचक को यह भी देखना होगा कि सांस्कृतिक दृष्टि से वह हमें किस सीमा तक स्थापित करता है, मानवीय बनाता है।

अपने व्यक्तित्व, क्षमता, परिस्थितियों और अवधारणाओं के फलस्वरूप एक समीक्षक दूसरे से अलग हो जाता है। इसीलिए एक कलाकृति के दो प्रबुद्ध समीक्षक एकमत नहीं हो पाते। अवधारणाओं से तटस्थ रहने की बात चाहे जितनी भी कही जाय किसी व्यक्ति का उससे सर्वथा मुक्त हो पाना सम्भव नहीं है। आलोचक की अपनी वैयक्तिक अभिरुचियाँ भी होती हैं। वे काव्य के मूल्यांकन में प्रविष्ट हो जाती हैं, किन्तु काव्य-रचना की तह में पैठने पर उसकी अपनी अभिरुचियाँ और अवधारणायें सीमाबद्ध हो जाती हैं और आलोचक के अपने व्यक्तित्व के नये आयाम भी खुलते हैं।

काव्यगत मूल्य और आलोचक के अपने मूल्य में तादात्म्य भी होता है और टकराहट भी। टकराहट बुरी वस्तु नहीं है। टकराहट की क्षमता जहाँ कहीं होगी वह काव्य कम श्रेष्ठ नहीं होगा। तादात्म्य या टकराहट कवि और आलोचक के बीच नहीं होती। आलोचक सीधे रचना से टकराता है। उसकी दूसरी टकराहट रचनागत मूल्यों से होती है। रचना के अपने मूल्यों और आलोचक के अपने मूल्यों के बीच जो टकराहट होती है वह कभी-कभी काफी दिलचस्प और उत्कर्षमूलक बन जाती है। कुछ लोगों के विचार से रचना और पाठक के बीच यदि बहस न हुई तो आलोचना किस काम की होगी।

पर स्मरण रखना चाहिए कि मूल्यों की टकराहट या रचना और आलोचक के बीच की बहस कुछ इस तरह की न हो कि रचना कुछ कह रही है, उसका सम्पूर्ण

पैटर्न कुछ और संकेतित कर रहा है और आलोचक उससे असंपृक्त अपनी हाँके जा रहा है। केवल वस्तु के आधार पर आलोचना करने वाले लोग आलोचना का झूठा दावा पेश करते हैं। मूल्यांकन और बहस के मुद्दे संरचना की सम्पूर्णता से सम्बद्ध होने चाहिए। इन दोनों के बीच के अन्तराल से आलोचना को सही रास्ता नहीं मिल सकता।

वस्तुतः काव्य का एस्थेटिक काव्यालोचन के अपने सिद्धान्त से भिन्न नहीं है। काव्य की संरचना को कोई उसका ऐस्थेटिक और कोई स्पर्धाधर्मी शब्दार्थों का समायोजन कह सकता है। सौन्दर्यानुभव (रसानुभव) का विवेचन आलोचना के क्षेत्र के बाहर पड़ता है। यह वह दलदल है जिसमें फँसकर आलोचक का उबर पाना सम्भव नहीं है।

■

शैलीविज्ञान और आलोचना

शैलीविज्ञान का दावा है कि वह साहित्यिक आलोचना की नवीनतम और वैज्ञानिक प्रणाली है। इसके ही आधार पर साहित्य का वस्तुनिष्ठ समाकलन सम्भव है, किन्तु आलोचकों को शैलीविज्ञान का दावा मान्य नहीं है, क्योंकि साहित्य में भाषा के अतिरिक्त कुछ ऐसे तत्व भी समाहित होते हैं जो शैलीविज्ञान द्वारा आविष्कृत उपकरणों की पकड़ में नहीं आ पाते। रोजर फाउलर अपनी पुस्तक 'भाषा और साहित्य' में इन दोनों के बीच के अन्तराल के लिए आलोचकों को दायी ठहराता है। चूँकि साहित्य भाषा-बद्ध होता है और नई आलोचना तथा शैलीवैज्ञानिकों दोनों साहित्य की भाषा का अध्ययन और विश्लेषण करते हैं, इसलिए इस बिन्दु पर दोनों मिल जाते हैं, किन्तु एक बिन्दु पर मिलना एक बात है और उस बिन्दु पर एकीकृत होना एकदम भिन्न बात। ऐसी स्थिति में हैरोल्ड ह्वाइट हाल का यह कहना कि 'कोई विज्ञान गणित के आगे नहीं जा सकता है और कोई आलोचना भाषिकी को अतिक्रमित नहीं कर सकती है' एक अतिवादी प्रलाप लगता है। आज भी दोनों शिविर अपने-अपने पक्ष में ज्यों-ज्यों तर्क देते जा रहे हैं त्यों-त्यों उनके बीच की दूरी बढ़ती जा रही है।

जब कि दोनों साहित्य की भाषा का ही अध्ययन करते हैं तो उन्हें एक मान लेने में क्या हर्ज है? इस तरह का प्रश्न उठाया जा सकता है। शैलीवैज्ञानिकों का कहना है कि वे साहित्यिक भाषा के अध्ययन का वैज्ञानिक मार्ग बतलाते हैं। आलोचना की एक प्रणाली होती है और उस प्रणाली को वैज्ञानिक बनाने की आवश्यकता अब भी बनी हुई है। आज हर चीज को वैज्ञानिक मानने-मनवाने का दुराग्रह अपनी सीमा पार करता जा रहा है। साहित्य की भाषा आम भाषा पर आधारित होते हुए भी व्यक्ति द्वारा विशिष्ट ढंग से सर्जित होती है। इसलिए प्राकृतिक विज्ञान की तरह आम भाषा का अध्ययन तो संभव है पर साहित्यिक भाषा का नहीं।

लेकिन आज के युग में जब एक अनुशासन अन्य बहुतेरे अनुशासनों से बहुत कुछ ग्रहण करते हुए अपने को समृद्ध बनाते चल रहे हैं क्या आलोचना की नई पद्धति शैलीविज्ञान से कुछ परिगृहीत कर सकती है? इस सम्बन्ध में भी दो रायें हैं, एक तो यह कि भाषिक संरचना के विश्लेषण में आलोचना शैलीविज्ञान के कुछ औजारों से लाभान्वित हो सकती है, दूसरी यह कि काव्यशास्त्र की अपनी लम्बी परम्परा है और उसका विकास अपने ढंग से होना चाहिए। किसी निष्कर्ष पर पहुँचने के पूर्व हमें पहले शैलीविज्ञान तथा उसके उपकरणों की छानबीन अपेक्षित है जो आलोचना के लिए सहायक सिद्ध होने का आभास देते हैं अथवा हो सकते हैं।

शैलीविज्ञान भाषिकी का अंश है अथवा इसका स्वतन्त्र अस्तित्व है? इस प्रश्न के सम्बन्ध में अभी भी लोग एकमत नहीं हैं, यद्यपि फाउलर इसे साहित्यिक भाषा के कुछ निश्चित नियमों (लिटरेरी रजिस्टर) से सम्बद्ध करके इसे अनिवार्यतः भाषिकी का अंग मान लेता है। पर अधिकांश विद्वानों का मत है (दे० लिटरेरी स्टाइल, ए सिंपोजियम, सं० चैटमैन) कि शैलीविज्ञान एक ऐसा अनुशासन है जो केवल साहित्य की भाषा का अध्ययन करता है।

शैलीविज्ञान को नोम चाम्स्की के 'ट्रान्सफार्मेशनल जेनरेटिव' से अधिक प्रेरणा मिली है। इसके आधार पर कई विद्वानों ने काव्यभाषा का अध्ययन भी प्रस्तुत किया है, किन्तु उनका लक्ष्य स्वयं काव्यभाषा न होकर 'ट्रान्सफार्मेशनल जेनरेटिव' की प्रामाणिकता सिद्ध करना था। चाम्स्की के सिद्धान्तों की मौलिकता का भाषिकी में बहुत अधिक महत्व है, इसमें कोई सन्देह नहीं। पर आलोचना में उसकी उपयोगिता अब भी निर्विवाद नहीं है। ब्लूमफील्ड आलोचना के क्षेत्र में हस्तक्षेप करने के पक्ष में नहीं पाया जाता।

हमें बहुत साफ तौर पर स्मरण रखना चाहिए कि शैलीविज्ञान का सम्बन्ध केवल साहित्य की विवेचना करना है—वह भी केवल साहित्य के भाषिक तत्वों (लिंग्युिस्टिक एलिमेंटस) का। साहित्य की भाषिक संरचना साहित्येतर भाषिक संरचनाओं से विशिष्ट होती है। अपनी इस विशिष्टता के कारण ही साहित्य की गणना कला में हो सकती है और होती है। प्रश्न होता है कि भाषिकीय तत्व क्या है? और वह क्या है जो साहित्य को कलात्मक वैशिष्ट्य प्रदान करता है? क्या शैलीविज्ञान, जिसका सम्बन्ध केवल भाषिक तत्वों से है, अपने विश्लेषण में साहित्य के वैशिष्ट्य को समाहित कर लेता है।

शैलीविज्ञान मुख्यतः व्याकरणिक होता है जिसमें स्वरविज्ञान (फोनोलाजी), मर्षविज्ञान (मार्फोलाजी), वाक्यविज्ञान, शब्दकोश की सहायता अपेक्षित होती है। इसके आधार पर एक उपवाक्य का विवेचन करने के लिए भाषिकी के पास तीन चार घंटे का समय चाहिए। अतः इसकी सहायता से रामचरितमानस या साकेत जैसे महाकाव्यों की विवेचना अकल्पनीय है। शैलीविज्ञान का कहना है कि वह भाषिकी की अपेक्षा अधिक बड़ी इकाइयों यानी पूरे पाठ की अधिक गहरी छानबीन करता है—मुख्यतः उसके अस्थिर तत्वों (वेरीएबुल) की। भाषिकी में वाक्यों-उपवाक्यों को व्याकरण के स्तर पर देखा जाता है, जबकि शैलीविज्ञान में व्याकरणिक संघटना को सम्पूर्ण पाठ के सन्दर्भ में प्रस्तुत करना होता है। शैलीविज्ञान ने अर्थ विज्ञान के दोनों प्रकारों 'माइक्रो-सिमेंटिक्स' और 'मैको-सिमेंटिक्स' की सहायता भी ली है। अपने समस्त औजारों के सहारे वह किस सीमा तक पहुँच सका है, इसे सोदाहरण देखना आवश्यक है।

पहले मैं एक अंग्रेजी कविता का उदाहरण पेश करना चाहूँगा—यह कविता है लारकिन की—'फर्स्ट साइट'। सिन्क्लेयर ने इसकी काफी लम्बी जटिल

शैलीवैज्ञानिक परीक्षा की है। शैलीविज्ञान के शब्दजाल का इससे बेहतर नमूना मिलना दुर्लभ है। श्रीमती बेंडलर ने इस पर अपनी टिप्पणी जोड़ते हुए कहा है कि यह विवेचन अपठनीय और वाहियात किस्म के वाक्छल (जार्गन) से भरा पड़ा है। उसका सम्पूर्ण विवेचन काव्यगत वैशिष्ट्य को एकदम अछूता छोड़ जाता है। अंग्रेजी के प्रसिद्ध आलोचक वेट्सन ने 'स्टेज इन क्रिटिसिज्म' में इसके सम्बन्ध में अपना मत व्यक्त किया है। शैलीविज्ञान अपने को मूल्यों से असंपृक्त रखता है। सिनक्लेयर के मतानुसार कविता को मूल्यों से अस्पृश्य रखकर भी उसके अर्थ का विवेचन हो सकता है। पर कविता के सन्दर्भ में उसके विवेचन में वे ही अंश अर्थपूर्ण बन सके हैं जो अनजाने ही मूल्यों का स्पर्श कर सके हैं। जहाँ शैलीविज्ञान का अलजबरा है वहाँ आलोचना नहीं है और जहाँ आलोचना है वहाँ शैलीविज्ञान नहीं है।

इधर शैलीविज्ञान पर हिन्दी में दो पुस्तकें प्रकाशित हुई हैं—रवीन्द्रनाथ श्रीवास्तव की 'शैलीविज्ञान और आलोचना की 'नई भूमिका' और विद्यानिवास मिश्र की 'रीतिविज्ञान : सर्जनात्मक समीक्षा का नया आयाम।' इन दोनों पुस्तकों के शीर्षकों से स्पष्ट है कि वे शैलीविज्ञान को नई आलोचना की भूमिका के रूप मे लेते हैं। श्रीवास्तव उसे आलोचना की नई भूमिका कहकर अपने को बहुत कुछ सीमित कर लेते हैं। पर मिश्र इसे सर्जनात्मक समीक्षा का नया आयाम कहकर शैली-विज्ञान को ऐसा अर्थ देते हैं जो वह नहीं है-एक गोल-मोल अनपेक्षित अर्थ।

श्रीवास्तव ने अपनी पुस्तक में केदारनाथ सिंह की एक प्रसिद्ध कविता 'इस अनागत का करें क्या'—की शैलीवैज्ञानिक आलोचना की है। इस शैलीवैज्ञानिक व्याख्या (आलोचनात्मक व्याख्या नहीं) में रायल साइज के बारह पृष्ठ खर्च किए गए हैं। चार तालिकाओं के साथ कई गणितीय फार्मूले हैं। विश्लेषण का एक उदाहरण लीजिए स्थानवाचक पदबन्ध, दरपनों में लें जो मन का प्रतीक बनकर आया है। 'दरपन' में मन की भाँति वस्तु भाव को प्रतिबिम्बित करने का गुण है। पर वह मन 'दरपन' की भाँति कोई ठोस वस्तु नहीं जिसको गिना (काउंट) या मापा (मेजर) जा सके। आश्रित उपवाक्य के स्थानवाचक पदबन्ध 'अँधेरे में' से संदर्भित होकर इस 'दरपन' की प्रकृति भी (ठोस) बन जाती है। कहने का तात्पर्य यह है कि 'अनागत' बिजली की चपलता के साथ जिस दरपन में अपना प्रतिबिम्ब डालता है वह गुणवाचक है और अपनी प्रकृति में स्थूल (ठोस) न होकर सूक्ष्म है, जिसको स्थूल जगत् के उपादान के सहारे न तो मापा जा सकता है और न जिसकी गणना संभव है। 'दरपन' की यह प्रकृति मन के समान है। पर 'अँधेरे में' मूलत: गुणवाचक विशेषण पदबन्ध है जिसका स्थानवाचक पदबन्ध के रूप में कविता में प्रयोग है।.....'

श्रीवास्तव की व्याख्याओं पर शैलीविज्ञान के फार्मूले बुरी तरह हावी हैं। इनमें गणितीय और बीजगणितीय तालिकाओं की भरमार है जो मूल्यपरक नहीं है। स्पष्ट है

कि विवरणात्मक शैली-वैज्ञानिक प्रणाली, जो वाक्यों, उपवाक्यों; संज्ञा, सर्वनाम, पद, पदबंध आदि के माध्यम से कविता की जो परीक्षा की गई है वह उसकी शव परीक्षा बन जाती है। इसमें जिस व्याकरण की सहायता ली गई है वह कविता को छोटे-छोटे खण्डों में काट तो देता है पर उसे संश्लेषित नहीं कर पाता। इस व्यवच्छेदन-व्यापार से मूल्यांकन का संबंध निश्शेष हो जाता है।

पर 'रीति-विज्ञान' में तो शैली-विज्ञान के अनुशासन की वैज्ञानिक व्याख्या भी नहीं है। जो 'काव्य-व्याख्याएँ' हैं वे न तो शैली-वैज्ञानिक हैं और न आलोचनात्मक। वे पुराने ढंग की विवरणात्मक तथा भावात्मक व्याख्याएँ कही जाएँगी। हाँ, उपमा, उत्प्रेक्षा आदि सादृश्यमूलक अंलकारों को पकड़कर उन्हें शास्त्रीय बनाने की असफल कोशिश जरूर की गई। इस ग्रन्थ से भी एक उदाहरण देखिए—

'क्योंकि पुरुषोत्तम की नवीनता इन्हीं सोपानों से अपने को दण्ड के द्वारा महाशक्ति के आराधन से नवीन पुरुषोत्तम का आविर्भाव होता है, ऐसे पुरुषोत्तम जो सुग्रीव और विभीषण के शरणदाता ही नहीं, जानकी के प्राणेश्वर ही नहीं, कौशल्या के स्नेहभाजन ही नहीं, इन सब भूमिकाओं से ऊपर उठकर लकलक करते हुए ब्रह्मशर को धनुष में लगाकर अपनी ही आँख अपने ही हाथ भेदने का निश्चय करने वाले, महासाधक बन जाते हैं।' इस तरह के रोमांटिक भावात्मक उद्‌गार न तो शैली-विज्ञान से अपना कोई रिश्ता बना पाते हैं और न आलोचना से। यदि सर्जनात्मक समीक्षा का नया आयाम (जैसा कि पुस्तक का दावा है) यही है तो इसको दूर से ही नमस्कार करना चाहिए।

शैली-विज्ञान का व्याकरण साहित्य के सौन्दर्य (एस्थेटिक्स) पक्ष का उद्‌घाटन नहीं कर पाता। बहुत से लोग कविता को अव्याकरणिक या व्याकरण-विरोधी कहते हैं। एडवर्ड ब्रिज का कहना है कि काव्य-भाषा व्याकरण के नियमों की अवहेलना नहीं करती पर अपनी सघन संघटना और भाषिक अभिव्यक्ति के कारण विशिष्ट होती है।

भामह ने काव्य-शब्द-साधुत्व (ग्रामर आफ पोइट्री) और काव्य-न्याय-निर्णय (लाजिक आफ पोइट्री) पर विचार किया है। वह व्याकरण का अनादर नहीं करता। केवल व्याकरण की दृष्टि से ठीक रचना को वह 'वार्ता' कहता है। इसलिए अभिप्रेत अर्थ के लिए कवि शब्दों को चुनता है। व्याकरणगत शब्द-साधुत्व और काव्यगत शब्द-साधुत्व में भेद है। देशपाण्डे का कहना है—'भामह को व्याकरण अस्वीकार नहीं है, उन्हें भी व्याकरण उतना ही प्रमाण है जितना कि वह व्याकरण को है, किन्तु व्याकरण की शुद्धि होने से ही कोई भी शब्द उसे स्वीकार्य नहीं है। कवि के चुने हुए शब्दों से उसका वैदग्ध्य प्रतीत होना चाहिए। 'पश्यति स्त्री' और 'विलोकयति कान्ता' दोनों व्याकरण की दृष्टि से समान हैं, काव्य की दृष्टि से नहीं ।' वे शब्दों के साधुत्व का प्रमाण वक्रोक्ति को सिद्ध करते हैं। स्पष्ट है कि शब्द साधुत्व-असाधुत्व का निर्णायक काव्यशास्त्र है न कि व्याकरण।

शैलीविज्ञान व्याकरणिक संरचना के आगे साहित्य के अनेक महत्वपूर्ण अंगों का विवेचन नहीं करता, क्योंकि वे उसके क्षेत्र और सीमा के बाहर पड़ते हैं। साहित्य की संरचना में वस्तु (प्लाट), चरित्र, मोतिफ, अन्यापदेश आदि अपनी महत्वपूर्ण भूमिका अदा करते हैं। शैलीविज्ञान से इनका कोई सम्बन्ध नहीं है। सौन्दर्य या लालित्य (एस्थेस्टिक) के अभाव में साहित्य की कल्पना असम्भव है। भाषा के आधार पर इसे आंशिक रूप में ही विवेचित किया जा सकता है। रचनागत अन्तर्दृष्टि से भी शैलीविज्ञान को कुछ लेना-देना नहीं है।

वस्तु (प्लाट) में कथातत्व को अनेक प्रकार से रखना पड़ता है। पुरानी कहानियाँ, जिसमें एक था राजा और एक थी रानी हुआ करती थी, कलात्मक स्पर्श के कारण अपनी वस्तु-योजना में बदल गयी, उनका आदि अन्त बहुत कुछ विलक्षण और नाटकीय हो गया। घटना संयोजित होकर ही 'आबजेक्टिव को-रिलेटिव' बन पाती है। पुराने नाटकों में अर्थ-प्रकृतियों, संधियों आदि का अपना महत्व होता है। इन्हें भाषिकीय संरचना नहीं कर सकती।

इधर आलोचना की आन्तरिकता (इन्ट्रेजिक क्रिटिसिज्म) पर अधिक जोर दिया जाने लगा है—विशेष रूप से अमरीकी नई आलोचना में। रचना रची जाने के बाद-रचयिता और पाठक दोनों से अलग अपने आप में पूर्ण और स्वायत्त हो जाती है। रचना के आधार पर रचयिता की रचना-प्रक्रिया को पकड़ पाना संभव नहीं है और यह रचना को समझने में किसी प्रकार की सहायता नहीं पहुँचाती। इसलिए आलोचना में इसे अग्राह्य मान लिया गया है। कविता या साहित्य की कोई विधा अलग-अलग पाठक के लिए अलग-अलग अर्थ देती है यह अर्थ एक हद तक आत्मनिष्ठ होता है। इसलिए तर्क दिया जाता है कि कविता वस्तु या 'अर्न' अथवा 'आइकान' (मूर्ति) होती है। लुइ मैकनीस का कहना है कि 'कविता अर्थ नहीं देती, वह होती है।'

इसका अभिप्राय यह नहीं है कि कविता चित्र, मूर्ति मंदिर आदि की तरह कोई ठोस वस्तु है, बल्कि वह अपनी प्रतीकात्मक अर्थवत्ता में अद्‌भुत और अनोखी होती है, 'यूनीक' होती है। इसीलिए जो कुछ घटित होता है उसकी भाषा में ही घटित होता है इसके बाहर नहीं। उसे समझने के लिए ऐतिहासिक मनोवैज्ञानिक जीवनीपरक व्याख्याएँ अप्रामाणिक एवं भ्रांतिपूर्ण होती हैं। उसकी प्रामाणिकता का आधार उसकी भाषा ही हो सकती है।

'तारसप्तक' के द्वितीय संस्करण के 'पुनश्च' में. अज्ञेय का कहना है—'काव्य सबसे पहले शब्द है और सबसे अन्त में यही बात बच जाती है कि काव्य शब्द है। सारे कवि-धर्म इसी परिभाषा से निस्सृत हैं। शब्द का ज्ञान शब्द की अर्थवत्ता की सही पकड़ ही कृतिकार को कृती बनाती है। ध्वनि, छन्द, लय आदि के सभी प्रश्न इसी में से निकलते हैं और इसी में विलय होते हैं। इतना ही नहीं सारे सामाजिक सन्दर्भ यहीं से

निकलते हैं। इसी में युग-संपृक्ति का, कृतिकार के सामाजिक उत्तरदायित्व का, हल मिलता या मिल सकता है।' कहना न होगा कि भाषा पर ऐकांतिक बल के कारण अज्ञेय के काव्य का सामाजिक सन्दर्भ नगण्य हो गया है।

इस सिलसिले में मुख्यत: तीन प्रश्न उठते हैं। एक तो यह कि आलोचक भाषिक संरचना का जो विश्लेषण करता है उसका स्वरूप क्या है और वह शैलीविज्ञान से कितना भिन्न है? दूसरा यह कि भाषिक संरचना जो रूपाकार (फार्म) लेती है वह अपनी वस्तु (कांटेंट) से किस सीमा तक प्रभावित है? तीसरा यह कि क्या मूल्यांकन के लिए भाषा-मात्र पर निर्भर रहना अलम् है? यहाँ मैं केवल पहले प्रश्न का उत्तर देना चाहूँगा शेष प्रश्नों के उत्तर अन्य लेखों में प्रस्तुत करना अधिक संगत होगा।

साहित्यिक आलोचना के लिए भाषा को केन्द्रीय वस्तु के रूप में सर्वदा से महत्वपूर्ण माना गया है। भारतीय आचार्यों ने 'शब्दार्थौ सहितौ काव्यम्' कहकर इसी ओर संकेत किया है। शब्द शक्तियों—अभिधा, लक्षणा, व्यंजना—का इस देश में जैसा विशद विवेचन किया गया है वैसा अन्यत्र दुर्लभ है। कुंतक जब कहता है कि काव्य अवयव सहित और अवयव रहित होता है तो पश्चात्य आलोचना की अंश-अंशी पद्धति को काफी पीछे छोड़ देता है। काव्य को वक्रोक्ति कहकर उसकी भाषिक संरचना को ही उजागर करता है। पर पश्चिम के नए आलोचकों ने भाषिक संघटना को अधिक वैज्ञानिक दृष्टि से समझने की चेष्टा की है। वाक्यगत 'डिविएशन' शब्द शक्तियों में अन्तर्भुक्त हो जाता है।

रैनसम का 'टेक्श्चर और स्ट्रक्चर' सिद्धान्त एक नयी भाषिक आलोचना का आरम्भ करता है। टेक्श्चर शब्दों और पदबन्धों का स्थानीय अर्थ है, उसका स्थानीय गुण है। संरचना या 'स्ट्रक्चर' कवितागत तर्क (आरगूमेन्ट) है। इसके कारण संवेदनाओं को क्रम मिलता है वे एक विशिष्ट दिशा में संघटित होती हैं। विज्ञान में केवल स्ट्रक्चर होता है टेक्श्चर नहीं यानी उसमें वैयक्तिक वैशिष्ट्य की गुंजाइश नहीं होती। टेक्शचर कविता के स्ट्रक्चर को बाधित करता है और काव्यन्याय (लाजिक) के विरुद्ध पड़ता है। इस तरह काव्य को अपना रूप मिलता है। बिम्साट और ब्रूक्स का कहना है कि—

Though the texture is strictly irrelevant to the logic of the poem, yet it does after all effect the shape of the poem; it does so by impending the argument. The very irrelevance of the texture is thus important. Because of presence they get, not a streamlined having been hindered, and directed, and having thus had its very-success threatened. In the end they have our logic but after a lively reminder of the aspects of validity with which logic can not cope.

भामह ने भी काव्य न्याय (लाजिक आफ पोइट्री) की चर्चा की है जो आश्चर्यजनक रूप से रैनसम की मान्यताओं से मिलती-जुलती प्रतीत होती है। अपने

ग्रन्थ 'काव्यालंकार' में उन्होंने 'काव्यन्याय-निर्णय' नामक एक अध्याय लिखा है। काव्य के अतर्कपूर्ण संघटन (इल्लाजिकल स्ट्रक्चर) को लेकर वैयाकरणों और नैयायिकों ने इसे असत्य ठहराया था। भामह के अतिरिक्त ध्वनिकार का भी कहना है—केवल शब्दविधा से या तर्क के पाण्डित्य से काव्य के अर्थ का आकलन नहीं होता। क्षेमेन्द्र का अनुरोध है—'यदि तुम्हें सत्कवि बनना है तो किसी शब्द-पण्डित या तर्कपण्डित को गुरु मत करो, पढ़ाने पर भी वे काव्य को समझने में असमर्थ हैं। भामह और कुंतक स्वभावोक्ति को काव्य न मानकर वक्रोक्ति को काव्य मानते हैं। वक्रोति ही काव्य-न्याय (लाजिक आफ पोइट्री) है। ध्वनिकाव्य का व्यंग्य तो पूरा का पूरा न्याय से विरुद्ध पड़ता है। एलनटेट का तनाव सिद्धान्त भारतीय काव्यशास्त्र के वाच्यार्थ और लक्ष्यार्थ का ही सिद्धान्त है। अलंकार, फैटेंसी, विसंगति-विडम्बना, जटिलता (ऐंविग्युटि) आदि काव्य-भाषा के विवेचन में औजार का काम देते हैं।

लेकिन भाषा का निर्माण देश, काल, समाज, संस्कृति के बीच ही होता है। इधर साभाजिक भाषिकी ने समाज-संस्कृति के संदर्भ में भाषा का अध्ययन करना आरम्भ किया है और इसके आधार पर समाज के वर्ग, संस्कृति, देश-काल आदि पर प्रचुर प्रकाश डाला है। एक ही व्यक्ति भिन्न-भिन्न भूमिकाओं में अलग-अलग भाषिक पैटर्न अपनाता है। विटगिंस्टीन का कहना है कि व्यक्ति की भाषिक सीमा उसकी अपनी दुनिया की सीमा है। बेंजामिन के मतानुसार एक भिन्न अर्थ-संघटना वाली भाषा बोलने वाला व्यक्ति भिन्न दृष्टिकोण वाला व्यक्ति होता है। ऐसी स्थिति में साहित्य की भाषा को उसके बाहर की भाषा से सर्वथा अगल नहीं किया जा सकता। इसके फलस्वरूप मूल्यों का प्रश्न अपने आप उपस्थित हो जाता है।

स्पष्ट है कि शैलीविज्ञान का भाषिक विश्लेषण आलोचनात्मक भाषिक विश्लेषण से एकदम भिन्न न सही बहुत कुछ भिन्न है। भाषा के अधार पर आलोचना करने वाले आलोचक शैली वैज्ञानिकों की तरह मूल्यों से प्राय: असंपृक्त नहीं होते हैं। वे भी अपने ढंग की गणितीय प्रणाली का प्रयोग करते हैं। इसलिए उन्हें रूपवादी (फार्मलिस्ट) कहा जाने लगा है।

इस सम्बन्ध में ओलसन का कहना है कि कविता शब्द नहीं है भाषिक (वरबल) है। यद्यपि शब्द का महत्त्व बहुत अधिक है फिर भी वह उन अदृश्य वस्तुओं से नियंत्रित होता रहता है जिन्हें वह संकेतित करता है। हम शब्दों की ध्वनि और लय से प्रभावित होने के साथ-साथ उन वस्तुओं से प्रभावित होते हैं जिनके लिए शब्दों का प्रयोग किया जाता है।

पर भाषिक आलोचना अपने आप में मुकम्मल पद्धति नहीं है। कथा-साहित्य के साथ इसका तालमेल नहीं बैठ पाता, यद्यपि नये आलोचकों ने अपनी प्रणाली के ढाँचे में इसे ढालने का प्रयास किया है। क्लीन्थब्रुक्स अपने एक निबन्ध 'दि क्रिटिसिज्म

आफ फिक्शन : दी रोल आफ क्लोज एनालिसिस' में लिखता है कि आलोचक को कथा साहित्य की आलोचना करते समय काव्यालोचना-पद्धति से बुनियादी तौर पर अलग नहीं होना चाहिए। जो भी अन्तर है उसे बहुत महत्वपूर्ण नहीं माना जा सकता। इसने फाकनर की एक कहानी की जो आलोचना की है उसमें कुछ अवतरणों को लिया गया है, जो कहानी को पूर्णतः विश्लेषित नहीं कर पाते। इसका प्रयास एक वर्ग का अभ्यास बनकर रह जाता है। कहानी और कविता पर तो भाषिक विश्लेषण की पद्धति का प्रयोग किया जा सकता है, किन्तु उपन्यास की आलोचना के लिए यह पद्धति बौनी सिद्ध होती है। उपन्यास कविता से भिन्न विधा है। विधागत पार्थक्य के कारण उसकी संरचना भी भिन्न हो जाती है। वस्तु (प्लाट) योजना की जटिलता, क्रमिकता और अन्विति, दिक्‌काल की स्थिति आदि भाषिक विश्लेषण के अतिरिक्त अन्य आलोचनात्मक उपकरणों की माँग करते हैं। शैलीविज्ञान इस क्षेत्र में आकर एकदम असहाय हो जाता है।

■

नई आलोचना : भाषिक संरचना

पश्चिम में नई आलोचना का आन्दोलन समाप्त हो गया है। पर हिन्दी आलोचना पर उसका प्रभाव बना हुआ है। उसकी समीक्षात्मक शब्दावली का प्रयोग अब भी जारी है। मार्क्सवादी आलोचक भी उसकी शब्दावली का प्रयोग कर रहे हैं। जब तक काव्य की अपनी आन्तरिकता, उसके अपने नियमों, गुणवत्ता, बन्ध के सम्बन्ध में लोगों की दिलचस्पी बनी रहेगी तब तक नई आलोचना प्रामाणिक बनी रहेगी। प्रायः लोग यह कहते सुने जाते हैं कि नई समीक्षा अब नई नहीं रह गई है। सच पूछिये तो यह कभी नई नहीं थी। देश-विदेश के साहित्य-शास्त्रों में इसके अनेक सूत्र बिखरे पड़े हैं। उनमें से कुछ तो ऐसे हैं जिन्हें अधिक तर्कसंगत, बौद्धिक तथा सुविचारित कहा जा सकता है।

यदि यूनान, रोम, चीन और भारत के प्राचीन काव्यशास्त्र का पुनरीक्षण किया जाये तो कहना न होगा कि वे नई समीक्षा की अपेक्षा कहीं अधिक भाषिक और रूप-परक हैं। अरस्तू का काव्यशास्त्र मुख्यतः काव्य के रूप पर ही विचार करता है। सोफिकिल्स के 'ओडिपस रेक्स' में वह संरचना और गति देखता है। रोमी होरेस के 'आर्स पोइतिका' में संरचना और संगति पर ही बल दिया गया है। कनफ्यूसियस के 'चुंग-युग' का मतलब संतुलन और संगति है। भारतीय काव्यशास्त्र में रीति, गुण, ध्वनि, वक्रोक्ति और औचित्य में संरचनात्मक संतुलन, सौशब्दता, संघटना आदि पर प्रधान रूप से विचार किया गया है। भरत के नाट्यशास्त्र में तो नाट्य-प्रयोग की प्रविधियाँ ही विवेचित हैं। नई समीक्षा के प्रकाश में भारतीय साहित्यशास्त्र की भाषिक संरचना पर विचार करना अभी शेष है।

नई समीक्षा की शुरुआत के मूल में एक साहसपूर्ण अस्वीकार है। ऐतिहासिक आलोचना, मार्क्सवादी आलोचना, मनोवैज्ञानिक आलोचना, समाजशास्त्रीय आलोचना, सांस्कृतिक आलोचना उसे अस्वीकार्य है। ये आलोचनाएँ विषय-वस्तु का अपने-अपने ढंग से अर्थापन अथवा पैराफेज करती हैं। काव्य की रचना या निर्माण-पक्ष या सौन्दर्य-पक्ष अछूता रह जाता है, स्वयं साहित्य-रचना (कविता,उपन्यास आदि) क्या है उन आलोचनाओं की परिधि से बाहर पड़ता है। सन् १९१० में स्पिंगार्न ने 'नई समीक्षा' शीर्षक से दिए गए अपने भाषण में अकादमीय समीक्षा का विरोध तथा रचना के रूपात्मक वैशिष्ट्य को रेखांकित किया है। इससे जाहिर है कि 'नई समीक्षा' अपने सही रूप में आने के दो दशक पहले ही शुरू हो चुकी थी या इस दिशा में लोग सोचने लगे थे। स्पिंगार्न को यह शब्द क्रोचे से मिला था—'ता नोवा क्रिटिका।' ई०ई० बुर्गुन ने

इसी शीर्षक से १९३० में एक ग्रंथ सम्पादित किया था। 'केनियन रिव्यू' के संस्थापक जान क्रवैरैन्सम की पुस्तक नई-समीक्षा (दी न्यू क्रिटिसिज्म) सन् १९४१ में प्रकाशित हुई। अब 'नई समीक्षा' पूर्णत: प्रतिष्ठित हो गई।

स्पिगार्न के बोये हुए बीज एजरापाउण्ड, टीं० एस० ईलियट, आई०ए० रिचर्ड्स, एम्पसन, हूल्मे आदि की समीक्षात्मक कृतियों में अंकुरित हुए। पाउन्ड ने काव्य भाषा पर बल देते हुए कहा—

"Great Literature is simply language charged with meaning of the utmost possible degree.

अर्थात् महान साहित्य सिर्फ भाषा है जिसमें अर्थवत्ता अपनी चरम सीमा पर पहुँची हुई होती है। इसके अतिरिक्त वह शब्दगत मितकथन, बिंब और बिडम्बना आदि का भी संकेत करता है।

इलियट पर पाउंड का गहरा प्रभाव है। वह अपने निबंधों में कविता के भाषिक विश्लेषण पर बल देता है। आलोचक का काम कविता की भाषिक विवेचना तथा पाठकों की अभिरुचियों का परिष्कार करना है। उसके मतानुसार महत्वपूर्ण आलोचक वह है जो कला की समस्याओं से जूझता है। अज्ञेय ने भी कहीं कहा है कि कलाकर का पहला और अन्तिम कार्य कला की समस्याओं से जूझना है। इलिएट ने कृति के सघन पाठ का जो उल्लेख किया है रैन्सम ने 'दी वर्ल्ड्स वाडी' में उसका सादर उल्लेख किया है। आई०ए० रिचर्ड्स का प्रभाव भी कम नहीं है। रिचर्ड्स काव्यानुभव को न तो रहस्यात्मक मानता है और न अलौकिक। काव्यानुभव या सौन्दर्यानुभूति के विश्लेषण के लिए वह सामान्य जीवन के अनुभवों को काम में ले आने का हिमायती है। इलिएट की तरह वह भी संप्रेषण की प्रविधियों पर विशेष जोर देता है। एम्पसन की पुस्तक 'सेविन टाइप्स आफ एम्बिग्युटी' से नई आलोचना प्रभावित है। हूल्मे ने अपने 'स्पेकुलेशन' में नई कविता को ज्यामितिक (ज्योमेट्रिकल) और १९वीं शती की कविता को जीवन्त (वाइटल) कहा है।

पर रैन्सम ने अपनी पुस्तक 'न्यूक्रिटिसिज्म' में टी०एस० इलिएट, रिचर्ड्स और विंटर का विरोध भी किया है। इलिएट रोमांटिकता का विरोधी होते हुए भी उससे पूर्णत: अलग नहीं हो सका था। रिचर्ड्स पर मनोविज्ञान का गहरा प्रभाव था। इन दोनों का संबंध रागात्मक अनुभवों से ज्यादा और संज्ञानात्मक अनुभवों से कम था। रिचर्ड्स किन्हीं अर्थों में नैतिक था। उसके मनोवैज्ञानिक सिद्धान्त और आलोचना में अन्तर्विरोध था। रेनेवेलेक-आस्टिनवारेन ने 'साहित्य सिद्धान्त' में लिखा है—'यह विचार कि कविता का प्रयोजन हमारे आवेगों को सही रास्ते पर लाना है और यह निष्कर्ष कि कविता का महत्व इस बात में है कि वह किसी रूप में हमारा मानसिक उपचार करती है, अन्तत: उनको यह मानने को प्रेरित करता है कि यह लक्ष्य बुरी कविताओं से भी ठीक उसी तरह सिद्ध हो सकता है जैसे अच्छी कविताओं से। यह किसी कालीन, वर्तन या भंगिमा से भी उसी तरह सिद्ध हो सकता है जैसे किसी सोनाटा (संगीत) से।

इस तरह हमारे मन का कल्पित पैटर्न निश्चित रूप से उस कविता से जुड़ा नहीं रहता है जिससे इसकी उत्पत्ति हुई थी।' नईसमीक्षा' के आलोचक गहरे अर्थ में रोमांस विरोधी हैं।

यद्यपि 'नई आलोचना' ऐतिहासिकता के विरुद्ध है, परन्तु स्वयं इसका ऐतिहासिक परिप्रेक्ष्य उसे ठीक-ठीक समझने में सहायक सिद्ध होता है। इस आंग्ल-अमरीकी आलोचना का जन्म दक्षिणी अमरीका के टेनेसी राज्य के नेशविले शहर में हुआ। वहाँ के विश्वविद्यालय 'वान्डर विट' में रैनसम प्राध्यापक होकर आ गया था। एलन टेट, क्लीन्थ ब्रुक्स और राबर्ट पेन वारेन रैनसम के शिष्य थे। यहीं पर आध्यात्मवादी और घुमक्कड़ हिर्श के नेतृत्व में एक दल तैयार हुआ जिसका नाम 'फिग्युटिव' था। 'फिग्युटिव' का अर्थ भगोड़ा होता है। बाद में इसी नाम की एक पत्रिका भी निकाली गई। 'भगोड़ा' नाम की विचित्रता हमें इस नाम की अर्थवत्ता के सम्बन्ध में विचार करने के लिए बाध्य करती है। ये कौन-सी बाध्यताएँ थीं जिनके तहत इन्हें अपने को भगोड़ा कहना अधिक अच्छा लगा। इसका नेता हिर्श बराबर प्रवास में रहा करता था। एक प्रकार से वह स्वयं 'भगोड़ा' था। 'फिग्युटिव' के प्रथम अंक के सम्पादकीय में टेट ने लिखा है कि 'भगोड़े पुराने दक्षिणी अमेरिका के ब्राह्मणों से तेजी से दूर भागते थे।' 'ब्राह्मण' शब्द स्वयं टेट का है। साहित्य-चिन्तन के क्षेत्र में कर्मकाण्ड की व्यर्थताओं से जीवनी परक और दार्शनिक आलोचनाओं से वे ऊब चुके थे। गृहयुद्ध में कृषि-प्रधान दक्षिण अमेरिका उत्तर के औद्योगिक अमेरिका से हार चुका था। इस हार का प्रभाव भी उनके भटकाव पर पड़ा।

नेशविले दक्षिण अमेरिका का एथेंस था : न्यूयार्क और शिकागो के शोर-शराबे और अजनबियत से अलग। वहाँ के साहित्यकार उखड़े हुए लोग थे, जैसे दिल्ली के सतहजीवी चमत्कार प्रिय द्विधागस्त इलीट साहित्य सर्जक और चिन्तक। महानगरों के छिन्नमूल चिन्तन से अलग नेशविले के लोग किसी केन्द्रीय मुद्दे पर जमकर विचार कर सकते थे। वे इस अर्थ में भी भगोड़े थे कि जिन्दगी की समस्याओं से भी भाग खड़े हुए थे। सारी अच्छाइयों के बावजूद यह उनकी बुनियादी कमजोरी थी।

नई आलोचना की प्रतिष्ठा

जैसा पहले कहा जा चुका है जान क्रवे रैन्सम की पुस्तक 'न्यू क्रिटिसिज्म' (१९४१) के प्रकाशन के समय तक 'नई आलोचना' प्रतिष्ठित हो चुकी थी। नई आलोचना का यह संस्थान काव्य को पूर्णत: स्वायत्त मानता है और काव्यगत शब्द ही उसका विवेच्य है—'वर्ड्स आन पेज'। वह काव्य का एक सार्वभौम प्रतिमान बनाने का भी प्रयास करता है। क्लीन्थ ब्रुक्स ने 'बेलराटअर्न' में विभिन्न कालों की कविताओं का विवेचन इस दृष्टि से किया है कि काव्य मात्र की कुछ मूलभूत विशेषताओं को पकड़ा जा सके और उसके सार्वकालिक मानदण्ड स्थिर किये जा सकें।

इस दल के मुख्य आलोचकों में रैन्सम के अतिरिक्त टेट, राबर्टपेन वारेन, क्लीन्थ ब्रुक्स आइवर विंटर और ब्लैकमर की गणना की जाती है। एक दल के होते हुए भी

उनमें मतैक्य के स्थान पर मतवैभिन्न अधिक है। सहयात्री होते हुए भी उनकी अपनी-अपनी राहें हैं। किन्तु रोमैंटिकता तथा पुरानी पाठ-निरपेक्ष-समीक्षा के विरोध में सभी एकमत हैं। वे साहित्य की पड़ताल साहित्य की अपनी शर्तों पर करते हैं, बाह्य प्रतिमान उन्हें अग्राह्य हैं। साहित्य की भाषिक संरचना उनके विवेचन का केन्द्रीय बिन्दु है, किन्तु इस विवेचना के लिए उन्होंने अलग-अलग पारिभाषिक शब्दावली अन्वेषित की है,जिसे संरचनावाद के अर्थ में पद्धति का नाम नहीं दिया जा सकता। लेकिन उनके आधार पर ही साहित्य के अपने रूप की असलियत पहचानी जा सकती है। अत: उन पारिभाषिक शब्दों की विवेचना अपेक्षित है।

टेक्श्चर और स्ट्रक्चर का तनाव

रैन्सम कविता में टेक्श्चर और स्ट्रक्चर का तनाव देखता है। टेक्श्चर बुनावट है और स्ट्रक्चर निर्मिति। टेक्श्चर शब्द गुंफों का समृद्ध स्थानीय और अतार्किक अर्थ है। स्ट्रक्चर काव्य का तर्क (आर्गूमेण्ट) है। वह काव्य को वह रूप देता है जो वह है। टेक्श्चर और स्ट्रक्चर में एक प्रकार का द्वन्द्व चलता रहता है। यह द्वन्द्व या टेक्श्चर और अवरोधक शक्ति स्ट्रक्चर के निर्माण में मदद करती है। इसी को टेक्श्चर और स्ट्रक्चर का तनाव भी कहा जाता है। इससे बात बहुत साफ नहीं होती। एक उदाहरण लीजिए—'स्नेह निर्झर बह गया है।' 'स्नेह' निर्झर नहीं होता। यह अतार्किक है, किन्तु यह पूरी कविता के स्ट्रक्चर या संरचना को मजबूत और अर्थवान बनाता है। अलंकार प्रतीक आदि टेक्श्चर की श्रेणी में आयेंगे। इनसे काव्य में असंगति की सृष्टि होती है जो अन्ततोगत्वा काव्य की संगति या स्ट्रक्चर में बदल जाते हैं।

विसंगति और विडम्बना

क्लीन्थ ब्रुक्स के मतानुसार काव्य-संरचना विसंगति (पैराडाक्स) और विडम्बना (आइरनी) में ढूँढ़ी जानी चाहिए, क्योंकि इनके द्वारा ही कविता का अपना अलग अस्तित्व निर्मित होता है और वह विज्ञान की भाषा से अलग अपनी पहचान बनाती है। विज्ञान की भाषा तथ्यात्मक, तर्क परक और पूर्ण (एबसोल्यूट) होती है। वह कुछ द्रव्यों को पूर्व निश्चित शब्दावली में अभिव्यक्त करती है। ठीक-ठीक वैज्ञानिक वक्तव्य गणितीय फार्मूलों में बद्ध होता है। कविता मूलत: भाव या अनुभूति है जिसे व्यक्त करने के लिए विशिष्ट भाषा की जरूरत होती है। संस्कृत के आचार्यों ने इसे ही 'विशिष्टौ-शब्दार्थौ काव्यम्' कहा है। सारा अलंकारशास्त्र इसी विशिष्ट की व्याख्या है। ब्रूक्स इस भाषा में विसंगति और विडम्बना देखता है।

विडम्बना (आइरनी) के सम्बन्ध में उसका कहना है:

"Irony is the most general term that we have for the kind of qualification which the various elements in the contexts receive from the context. The kind of qualification is of tremendous importance to any poem. Moreover, irony is our most general term for indicating that recognition of incongruities—which again, pervades all poetry to a degree far beyond what our conventional criticism has been hencefore willing to allow."

विडम्बना' में कहा कुछ जाता है, समझा कुछ जाता है। इसमें अर्थ के अनेक परस्पर विरोधी स्तर होते हैं। यह विरोधाभास से भिन्न नहीं है। व्यापक अर्थ में यह विडम्बना में अन्तर्भुक्त हो जाता है और ये दोनों शब्द वक्रोक्ति में समाहित हो जाते हैं।

तनाव

एलेनटेट काव्य में तनाव का सिद्धान्त लेकर आया। शब्दार्थ में दो तत्व होते हैं—विस्तार (एक्सटेंशन) और घनत्व (इन्टेन्सन)। दोनों के तनाव में कविता का जन्म होता है। विस्तार अभिधा है और घनत्व लक्षणा-व्यंजना। वह तनाव का प्रयोग दो स्तरों पर करता है—शब्द के स्तर पर अर्थ के स्तर पर। शब्द के स्तर का उल्लेख हो चुका है। अर्थ के स्तर पर तनाव में अर्थवत्ता द्वारा ग्रहण की गई प्रभावान्विति है। यहाँ पर दो बातों पर और विचार करने की आवश्यकता है—एक तो यह कि नए आलोचकों ने आलोचना-कर्म के लिए जिन बीज शब्दों का प्रयोग किया है वे कहाँ तक अर्थ-साम्य और अर्थ-वैषम्य रखते हैं, दूसरी यह कि भारतीय काव्यशास्त्र के देहवादी आचार्यों द्वारा निरूपित सिद्धान्तों से इनका किस सीमा तक मेल है।

'तनाव' का प्रयोग रैन्सम, टेट और ब्रुक्स तीनों करते हैं। रैन्सम के टेक्श्चर में ब्रुक्स की विसंगति-विडम्बना का समावेश हो जाता है। टेक्श्चर में वे सभी तत्व समाहित हैं जिनसे कविता बनती है यानी ध्वनि, लय, शब्द, टोन, गुण, अलंकार अदि। टेक्श्चर होने के लिए इन्हें विशिष्ट ढंग से, विसंगत्यात्मक ढंग से बुनना पड़ता है। विसंगत्यात्मक होकर ही टेक्श्चर में अतार्किकता आती है। 'स्ट्रक्चर' का प्रयोग रैन्सम और ब्रुक्स दोनों करते हैं। स्ट्रक्चर को आचार्य शुक्ल के शब्दों में विरुद्धों का समाञ्जस्य कहा जा सकता है। ब्रुक्स स्ट्रक्चर के मूल्यांकन और अर्थापन की बात भी उठाता है। अपने-अपने ढंग से सभी भाषिक संरचना की ही चर्चा करते हैं।

भारतीय काव्यशास्त्र में काव्य की भाषिक संरचना पर कहीं अधिक व्यवस्थित, तर्कसंगत तथा सुथरे ढंग से विचार किया गया है, किन्तु इस विचार पर विचार नहीं हो पाया है। आचार्य शुक्ल ने इधर ध्यान आकृष्ट करते हुए लिखा है—'शब्द शक्ति रस और अलंकार अपने यहाँ की ये बातें स्पष्ट और स्वच्छ मीमांसा में कितने काम की हैं। मैं समझता हूँ, इसके सम्बन्ध में अब और अधिक कहने की आवश्यकता नहीं है। बेचारे नवीनतावादी अभी कलाबाजी कर रहे हैं, उन्हें विलायती समीक्षा क्षेत्र के उड़ते हुए लटकों उद्धरणों और योरप के ग्रंथकारों की नाम माला जपने से फुरसत नहीं। अब रहे उच्च शिक्षा प्राप्त 'संस्कृत स्कालर' नामक प्राणी। वे तो भारतीय वाङ्मय में जो कुछ हो चुका है, उसी को संसार के सामने संसार का जो अर्थ योरोप अमेरिका में लिया जाता है—रखने लगे हैं। यही उनका परम पुरुषार्थ है। उन्हें अपने साहित्य को और आगे बढ़ाकर उन्नत करने का क्या प्रयोजन?'

इससे यह मतलब नहीं लेना चाहिए कि हमारे यहाँ सब कुछ है और हमें कहीं से कुछ लेने की जरूरत नहीं है। स्वयं शुक्लजी ने रिचर्ड्स से बहुत कुछ लिया है। पर शुक्लजी ने उसे पचाकर अपना बना लिया। भाषिक संरचना की ओर ध्यान आकृष्ट करने का श्रेय नई आलोचना को ही है। पर इस दिशा में हम भामह,कुंतक, क्षेमेन्द्र आदि से बहुत कुछ सीख सकते हैं।

नये समीक्षकों ने-विशेष रूप से क्लीन्थ ब्रुक्स ने काव्यभाषा और विज्ञान की भाषा का अन्तर 'अंडरस्टैंडिंग पोइट्री' में किया है। भाषा पर विचार करने के लिए इस मुद्दे को उठाना जरूरी भी है। सबसे पहले भामह ने शास्त्र और व्याकरण की भाषा से काव्यभाषा को अलग करते हुए 'काव्य का व्याकरण' और 'काव्य-न्याय' पर विचार किया। भामह के बाद उद्‌भट ने अर्थ के दो भेद किए—'विचारित सुस्थ' और 'अविचारित रमणीय'। पहले का अर्थ है व्यवस्थित रूप से स्थापित विचार और दूसरे में कार्य-कारण विवेक के लिए विशेष स्थान नहीं होता, केवल रमणीयता अविचार्य होती है। विचारित सुस्थ शास्त्र का विषय है और अविचारित रमणीय काव्य का। राजशेखर शास्त्रीय वर्णन को 'स्वरूप निबन्धन' और काव्य-वर्णन को 'प्रतिभास निबंधन' कहता है। 'स्वरूप निबंधन' का अर्थ है विषय का वैसा ही वर्णन, किन्तु 'प्रतिभास निबंधन' में वर्णन प्रतीत के अनुरूप होता है। प्रतीति के मूल में अनुभूति या भाव होता है जो अलग भाषा की माँग करता है जो शास्त्र की भाषा से भिन्न है। क्षेमेन्द्र ने यहाँ तक कहा है कि यदि तुम्हें सत्कवि बनना है तो किसी शब्द-पण्डित या तर्क-पण्डित को गुरु मत करो, लाख शिक्षा देने पर भी वे समझ नहीं सकते।

नए आलोचकों की सारी पारिभाषिक शब्दावली कुंतक के 'वक्रोक्ति' में समाहित हो जाती है। वक्रोक्ति का अर्थ है वाणी की भंगिमा। इसे विचित्र अभिधा भी कहते हैं। वैदग्ध्यपूर्ण शैली में कथित उक्ति ही वक्रोक्ति है। वैदग्ध का अर्थ है विदग्धता, कविकर्मकौशल, उसकी भंगिमा या शोभा (चारुता) उसके द्वारा (उस पर आधारित उक्ति। भामह ने इसी को अतिशयोक्ति कहा है। यह लोकभाषा को अतिक्रान्त कर जाती है। भामह का कहना है—

सैषा सर्वत्र वक्रोक्तिः, अनयार्थो विभाव्यते।
यत्नोऽस्यां कविभिः कार्यः कोऽलंकारोऽनया विना॥

काव्य में वक्रोक्ति का ही बोलबाला होता है। इसी से अर्थ विभावित होता है। कवि को वक्रोक्ति के लिए प्रयत्नशील होना चाहिए। वक्रोक्ति के अभाव में सौन्दर्य आ ही नहीं सकता। वक्रोक्ति टेक्श्चर, विसंगति,तनाव में कोई फर्क नहीं है।

'वन्ध' रैन्सम का स्ट्रक्चर है। काव्य बंध में व्यवस्थित होता है। विशिष्ट ढंगों से वर्णों एवं पदों का न्यास रूप जो संघटना है, वही काव्य-कर्म-रूप व्यापार से शोभित होने वाला बंध कहा जाता है। यह संघटना आह्लादक होती है। नये आलोचकों के मतानुसार शब्दादि परस्पर संघर्ष करते हैं, यहाँ पर सौन्दर्य के निमित्त उनमें स्पर्धा होती

है। पश्चिमी मनोवृत्ति के अनुरूप संघर्ष है तो भारतीय मनोवृत्ति के अनुरूप स्पर्धा, किन्तु इसमें संदेह नहीं कि दोनों बहुत कुछ रूपवादी हैं।

आरोप

नई आलोचना पर सामान्यत: निम्नलिखित आरोप लगाए जाते हैं—

१. यह रूपवादी है और कला के लिए कला का समर्थन करती है।

२. भाषिक विश्लेषण इसकी इतिकर्तव्यता है। संप्रेषण, आस्वाद और पाठक की समस्याओं से असंपृक्त है।

३. ऐतिहासिकता या इतिहास-दृष्टि से इसका कोई सरोकार नहीं है।

४. मूल्यांकन से इसका कोई सम्बन्ध नहीं हो पाता।

५. प्रबंध काव्यों, नाटकों और उपन्यासों के विश्लेषण में यह असमर्थ है।

इसमें संदेह नहीं कि नई आलोचना का रूपवाद रूसी रूपवाद नहीं है। रुसी रूपवाद में रूप के अतिरिक्त अन्य सभी वस्तुएँ अनिवार्य नहीं हैं पर नई आलोचना काव्य की स्वतन्त्र सत्ता की विश्वासी है, उसकी भाषिक संरचना उसका विवेच्य है, मूल्यांकन वर्जित नहीं है। इसीलिए वह काव्य की वैज्ञानिक शब्दावली की सूचनात्मक प्रवृत्ति के विरुद्ध काव्य की अपनी वक्रोक्तिपूर्ण शब्दावली के विवेचन में ही संलग्न रहती है। ब्रुक्स और टेट मूल्यांकन की चर्चा तो करते हैं, लेकिन खुद मूल्यांकन नहीं करते। इसका समस्त विवेचन कला के लिये कला या सौन्दर्यशास्त्रीय होकर रह जाता है।

काव्य का समस्त आंतरिक संयोजन क्यों? क्या उसका अंगांगिभाव, समग्रता, अलंकरण, उक्ति-वैचित्र्य, विसंगति,विडंबना, तनाव आदि अपने आप में पूर्ण हैं? यह आंतरिक संयोजन अथवा काव्य के संश्लिष्ट विधान का क्या कोई प्रभाव पाठक पर भी पड़ता है और वह कुछ संप्रेषित भी करता है? पाठक के बारे में वह मौन है, किन्तु संप्रेषण के संबंध में वह विचार करती है।

यदि संप्रेषण है तो संप्रेष्य होगा ही। शास्त्र और विज्ञान भाषा के माध्यम से ज्ञान का संप्रेषण करता है जिसे अलग से प्रस्तुत किया जा सकता है। वहाँ पर संप्रेषण समस्या नहीं, किन्तु कला में तो संप्रेषण स्वयं कला की समस्या है। कला के क्षेत्र में यह समस्या नई है। कलाकारों को इससे निरंतर जूझना पड़ा है। चाहे वे कालिदास हों या निराला अथवा मुक्तिबोध।

ब्रुक्स 'वेलराटअर्न' के दो अध्यायों में इसका विवेचन करता है—'ह्वाट हूज पोइट्री कम्युनिकेट' और दी हेरेसी आफ पैराफ्रेज' में। वह एक कविता से कुछ तथ्यों को निकाल कर पूछता है कि क्या कविता यही संप्रेषित करती है? विश्वविद्यालयों में कविता का जो अर्थ बताया जाता है उससे कविता मर नहीं जाती क्या? जब धूमिल जैसा कवि यह कहता है कि 'कविता एक सार्थक वक्तव्य है' तो वह संप्रेषण की चर्चा करता है। पर क्या वक्तव्य होकर कविता-कविता रह जाती है? क्या कविता का

पैराफ्रेज या अर्थापन हो सकता है? सुसन सोन्टाग ने अपने एक लेख 'एगेंस्ट इंटर-प्रेटेशन' में लिखा है कि इसके माध्यम से बुद्धि कला से बदला लेती है और ऐन्द्रिय चेतना (सेंसिबिलिटी) को कुंद बनाती है। यह आटोमोबाइल और चिमनी का धुवाँ है जिससे नागरिक पर्यावरण दूषित होता है। ब्रुक्स का कहना है कि कविता समूची कविता को ही संप्रेषित करती है। लिफाफे में जैसे चिट्ठी भरी जाती है उस तरह काव्य रूप में वस्तु नहीं भरी जाती। तात्पर्य यह कि विसंगति-विडंबना की समूची प्रविधियाँ ही काव्य हैं।

ब्रुक्स के कथन में तथ्य है। हरिऔध की एक रचना है—

दिवस का अवसान समीप था
गगन था कुछ लोहित हो चला।
तरु शिखा पर थी अवराजती
कमलिनी-कुलबल्लभ की प्रभा॥

चूँकि इसका पैराफ्रेज हो सकता है, इसलिए यह कविता नहीं है। इसे गद्य में बिना किसी विकृति के अक्षरश: अनूदित किया जा सकता है। अत: यह कविता नहीं है—

नील परिधान बीच सुकुमार
खुल रहा मृदुल अधखुला अंग
खिला हो ज्यों बिजली का फूल
मेघवन बीच गुलाबी रंग।

इसका पैराफ्रेज नहीं हो सकता है। अन्तिम दो पंक्तियों में अलंकार के कारण जो वक्रता आ गई है वह इसे कविता बना देती है। अपनी वक्रता सहित ही यह कविता हो पाती है। इसे वक्रोक्ति कहिए, अलंकार कहिए,विसंगति या विडम्बना कहिए या टेक्श्चर कहिए।

नये आलोचकों को कोरा रूपवादी समझना भ्रमपूर्ण है। ब्रुक्स 'हेरेसी आफ पैराफ्रेज' में कविता को अमूर्त प्रस्ताव या प्रतिज्ञप्ति (प्रोपोजीशन) अथवा नैतिक सन्देश में न्यूनीकृत नहीं करना चाहता। उसके मतानुसार हर कला में प्रतिभास (फिक्शनलिटी) होता है। टेट के अनुसार कला सम्भावित दुनिया का व्याकरण लिखती है। राबर्ट पेन वारेन शुद्धकला की खोज नहीं करता, वह कविता को अविशुद्ध मानता है। साहित्य संप्रेषण है, किन्तु सामान्य संप्रेषण नहीं है।

प्रश्न किया जा सकता है कि संरचनागत जटिलता क्यों होती है? एक काव्य की संरचना दूसरे की अपेक्षा अधिक संश्लिष्ट और जटिल क्यों होती है? जटिलताएँ कई स्तर की होती हैं—शब्द-चयन, पदविन्यास आदि की भी और बिम्ब-विधान, थीम, कथानक आदि की भी। कलाकृति में जो अनुपात, संगति और जटिलता दिखायी देती है वह अनुभवों की संगति और जटिलता है। रेनेवेलक-आस्टिन वारेन ने 'साहित्य सिद्धान्त' में लिखा है—'इलियट का कहना है कि किसी कविता में प्रस्तुत जीवन-

दृष्टि ऐसी होनी चाहिए जिसे आलोचक संगत, परिपक्व और जीवन के सच्चे अनुभवों पर आधारित मान सके। इलियट की संगति, परिपक्वता और अनुभव की सत्यता का सिद्धान्त जिस रूप में प्रस्तुत किया गया है वह उस रूप में रूपवाद से परे चला जाता हैं। इसमें सन्देह नहीं कि संगति सौन्दर्यात्मक मानदण्ड होने के साथ-ही-साथ एक तार्किक मानदण्ड भी है, परन्तु परिपक्वता एक मनोवैज्ञानिक मानदण्ड है और 'अनुभव की सत्यता' का सम्बन्ध कलाकृति से बाहर की दुनिया से है। और इसके लिए कला और वास्तविकता के बीच तुलना अपेक्षित है। रेनेवेलेक-वारेन का मत कला के अपने स्वरूप तक ही सीमित है। पर कला गत जीवन-दृष्टि और वास्तविकता के बीच तुलना किये बगैर कलागत जीवन-मूल्य को नहीं आँका जा सकता।

अब दूसरी समस्याएँ उठ खड़ी होती हैं कि रचनात्मक संश्लिष्टता और कलागत अनुभव की अद्वितीयता का क्या सम्बन्ध है? और इस अनुभव को अपने जीवनानुभवों से तुलनीय कैसे बनाया जा सकता है। हो सकता है कि पाठक से उसका तालमेल न बैठे, पर यह बात तर्कसंगत नहीं प्रतीत होती। कोई कविता क्यों पढ़ता है? नाटक देखने का क्या प्रयोजन है? क्या पाठक इसलिए पाठ करता है कि उसकी आन्तरिक संगति को समझे? इसका उत्तर नकारात्मक होगा। वह कहीं न कहीं एक सीमा तक या कह सकते हैं कि काफी दूर तक कलाकृति में उपनिबद्ध अनुभव के साथ समानान्तरता स्थापित करता है। अन्यथा कालिदास,सूर,तुलसी, निराला, टैगोर, प्रूस्ट, काफ्का, कामू, भवभूति आदि को वह क्यों पढ़े?

आलोचक का कर्तव्य है कि वह काव्य की रचनात्मक जटिलताओं को काव्यबद्ध जीवन-दृष्टि से जोड़े। इसे अपने चिंतित जीवनानुभव के सन्दर्भ में भी विश्लेषित करे। जीवनानुभव का अर्थ न तो स्थूल नैतिकता से लेना चाहिए और न प्रचार या उपयोगिता से। जीवनानुभव एक समग्र जीवन-दृष्टि है, जिसके अनेक आयाम हैं, जिसकी अनेक पर्तें हैं। काव्यगत संश्लिष्टता में अर्थ की अनेक पर्तें संश्लिष्ट अनुभवों के कारण आती हैं।

नयी आलोचना ने अपने को एक संकीर्ण दायरे में बाँध रखा है। एक ओर जहाँ यह पद्धति जटिल है वहीं दूसरी ओर अतिशय सरलीकृत है। क्या विसंगति और विडम्बना अपने आप में काव्य हैं? इनके अर्थापन में भी अन्तर होंगे ही। इसलिए इन्हें शुद्ध वस्तुपरक या सौन्दर्यपरक मान भी नहीं कहा जा सकता।

असली कठिनाई वहाँ होती है जहाँ इस पद्धति के आधार पर लम्बे काव्य, उपन्यास या नाटक की आलोचना करनी पड़ती है। संरचनात्मक आलोचना के नाम पर उपन्यास के लघु-लघु अवतरणों की संश्लिष्टता को विवेचित किया गया है। उपन्यासों की जो विवेचनाएँ इस तरह खण्डों में की गयी हैं वे पूरे उपन्यास की कला-सर्जना का समग्र बोध नहीं दे पातीं—दे भी नहीं सकती हैं। आख्यान-काव्यों के संबंध में भी यही कहा जा सकता है। रूढ़ अर्थ में—कथा तत्व के रूप में—यदि कथानक को न लिया जाये तो उसका महत्व निर्विवाद है। नाटक-उपन्यास की संरचना में अरस्तू के अर्थ में

कथानक को समाविष्ट करना ही पड़ेगा।

पाठ की छानबीन और नैतिक मूल्यांकन

आइवर विंटर भी प्रमुख नया आलोचक है, पर अपने सहयोगियों से अनेक मुद्दों पर असहमत है। नयी आलोचना से दो बातों में उसका मतैक्य है—आलोचनात्मक सापेक्षता की अस्वीकृति से और पाठ (टेक्स्ट) की गहरी छानबीन की स्वीकृति से। वह मानववादियों की भाँति काव्य के नैतिक मूल्यांकन पर जोर देता है।

उन्हीं की तरह वह रोमांटिक प्रभावों से बचने के लिए सावधान करता है। इस तरह वह कुछ इर्विन बैबिट की मान्यताओं के निकट पहुँच जाता है। इर्विन बैबिट मुख्यतः आलोचक हैं। बैबिट काव्य के सौन्दर्यशास्त्रीय पक्ष पर बल न देकर काव्यगत नैतिकता पर जोर देता है। विंटर कलापक्ष पर अपने को केन्द्रित रखता है।

लेकिन जब वह कला को अपने-आप में महत्वपूर्ण न मानकर उसे हमारे बोध को परिष्कृत करने वाली नैतिकता के विविध स्तरों को समझने तथा अलगाने का विवेक देने वाली कहता है तो उसका स्वर इस संस्थान के अन्य लोगों से अलग हो जाता है—

"According to my own view the poem is a rational statement about a human experience, made in such a way that the emotion which ought to be motivated by that rational understanding of the experience is communicated simultaneously with the rational under's anding. The poem is thus a complete judgement of the experience, a judgement both rational and emotional. The poetic medium is simply a means to a finer and more comprehensive act of understanding that we can accomplish without it..........It is a method for perfecting the understanding and moral discrimination, it is not an obscurely isolated end in itself."

अर्थात् मेरे विचार से कविता मानवीय अनुभवों के सम्बन्ध में तर्क सम्मत या विवेकपूर्ण वक्तव्य है। इसे इस प्रकार से संप्रेषित किया जाता है कि संवेग की अभ्युद्देश्यता का विवेकसम्मत बोध हो जाय। इस प्रकार कविता अनुभवों का पूर्ण आकलन है। यह आकलन संवेगात्मक भी है और तर्क-सम्मत भी। कविता ऐसा माध्यम है जिससे व्यापक और सूक्ष्मतर बोध होता है। इस तरह का बोध कविता से ही हो सकता है, अन्य किसी माध्यम से नहीं। बोध को परिपूर्ण और नैतिक विवेक को निर्दिष्ट बनाने की यह पद्धति है; यह अपने आप में अमूर्त और कटी हुई नहीं है।

विंटर ने नयी आलोचना की कमजोरी को ठीक जगह पर पकड़ा है। केवल संरचनागत विश्लेषण काव्य का बोध करा पाने में असमर्थ है। समस्या तब खड़ी होती है जब वह उसे तर्कपूर्ण वक्तव्य मान लेता है। क्या काव्य के पढ़ने के उपरान्त हम जिस तर्कपूर्ण परिणति पर पहुँचते हैं, वह काव्य है? उस तर्कपूर्ण परिणति पर क्या अन्य माध्यम से नहीं पहुँचा जा सकता? यदि पहुँचा जा सकता है तो काव्य का अपना वैशिष्ट्य क्या हुआ?

और अगर वह अपनी परिणति में विवेक-सम्मत या बौद्धिक नहीं है तो फिर क्या है? कविता पढ़ने के बाद पाठक कहीं तनाव में पड़ा हुआ महसूस करता है, कहीं बेचैनी अनुभव करता है, अपने आवेग को नए सिरे से संतुलित करता है। बौद्धिकता इस तरह के प्रभाव नहीं उत्पन्न करती। नये सिरे से संतुलन का यह प्रयास मूल्यगत होता है। आलोचक का कार्य संरचना और मूल्यबोध को संश्लेष में देखना है।

नयी आलोचना ने साहित्य की स्वतंत्र और स्वायत्त सत्ता पर बल देकर उसकी अपनी महत्ता को प्रतिष्ठित किया है। इसके पूर्व काव्य को कभी सौन्दर्यशास्त्रीय दर्शन के वाग्जाल में उलझाया गया तो कभी उसके उद्‌गम स्रोत पर बल देकर काव्य के निजी स्वरूप की एकदम उपेक्षा कर दी गयी। कभी उसे कवि का 'केस-वृत्त' मानकर मनो-विश्लेषणात्मक सिद्धान्तों को सामने लाया गया। कभी सर्वहारा के पक्षधर काव्य को श्रेष्ठ घोषित करते हुए उससे इतर साहित्य को घटिया कहा गया। नाना प्रकार के काव्येतर अनुशासनों से दबते हुए साहित्य को मुक्त करने का श्रेय नयी आलोचना को है।

सापेक्षता, नियतत्ववाद आदि के विरोध में जिन सिद्धान्तों को सामने लाया गया वे साहित्य के अपने स्वरूप को समझने-समझाने में निश्चय ही अत्यधिक महत्वपूर्ण सिद्ध हुए। किन्तु सापेक्षता का विरोध करती हुई वह निरपेक्षता की चरम सीमा पर जा पहुँची। मानवीय मूल्यों से असंयुक्त होकर वह शुद्ध टेक्नोलॉजी हो गयी। जैसा कि मैंने पहले ही कहा है कि आलोचना को मानव के आन्तरिक मूल्यों से संबद्ध होना जरूरी है।

किन्तु बार-बार यह प्रश्न उठाया गया है कि मानवीय मूल्यों की तलाश करने के सिलसिले में आलोचक को साहित्य से बाहर जाना पड़ेगा। स्मरण रखना चाहिए कि यह खतरा तब उत्पन्न होता है जब आलोचक संरचना का पल्ला छोड़कर केवल मूल्यों के विवेचन में लग जाता है। वस्तुतः संरचना और मूल्य को अलग कटघरे में रखने से इस प्रकार की गलती होती है। आलोचक के सामने केवल संरचना है। वह उसी के माध्यम से मूल्य से अवगत होता है। पर संरचना और मूल्य अलग-अलग नहीं हैं। दोनों की उत्पत्ति एक साथ और एक समय होती है।

■

मिथक का मिथक

'मिथक' आधुनिक आलोचना का एक प्रिय शब्द बन गया है। पश्चिम में—विशेष रूप से अमेरिका में मिथकीय आलोचना की एक प्रणाली भी विकसित कर ली गयी है। कुछ लोग साहित्य और मिथक में फर्क नहीं मानते। उनके मतानुसार मिथकीय आलोचना, आलोचना की एक सार्वभौम तथा वैज्ञानिक पद्धति है। मनोविज्ञान, नृतत्वविज्ञान, समाजविज्ञान के क्षेत्र में मिथकों पर काफी महत्वपूर्ण कार्य किए गए हैं। उनसे मानवीय ज्ञान के क्षितिज का विस्तार हुआ है, पर आलोचना की वैज्ञानिक पद्धति के रूप में न तो स्वीकार की जा सकी और न स्वीकार की जायेगी। हाँ, यथास्थान साहित्यालोचन में इससे फायदा उठाया जा सकता है।

अंग्रेजी शब्द 'मिथ' को ही हिन्दी में 'मिथक' कहा गया है। अंग्रेजी का 'मिथ' यूनानी के 'माइथोस', लैटिन के 'मिथस' और जर्मन के 'मिथोस' का ऋणी है। 'माइथोस' का अर्थ है अतर्क्य आख्यान। 'माइथोस' का विलोम है 'लागोस' यानी तार्किक संलाप। तार्किक संलाप या विकृति के विपरीत, 'मिथ' आख्यानात्मक होता है; कथा होता है, व्यवस्थित दार्शनिकंता के विपरीत यह भावुकतापूर्ण और अन्तः प्रज्ञा से सम्बद्ध भी होता है—सुकरात की तर्कशीलता के विपरीत, यह एस्क्लीज की त्रासदी होता है।

यह तर्क-पूर्व भाषा है : आदिम मनुष्य की चेतना का प्राथमिक सर्जनात्मक बिम्ब। इसकी उत्पत्ति को लेकर चलने वाला विवाद है कि पहले भाषा अस्तित्व में आई या मिथक या दोनों का आविर्भाव एक साथ हुआ,महत्वपूर्ण है। विको के मतानुसार भाषा की उत्पत्ति सांकेतिक अभिव्यक्ति से हुई। मिथक भाषा-विकास की एक मंजिल है। हरडर के मत में भाषा मिथक से पैदा हुई। कैसिरर हरडर को 'इतिहास का कोपर्निकस' कहता है। लेकिन मिथक की उत्पत्ति के सम्बंध में उससे सहमत नहीं है। मैक्समूलर मिथक की उत्पत्ति भाषा से मानता है और मिथक को भाषा का रोग कहता है। भाषा का रोग का अर्थ है विचारों का रोग। कैसिरर भाषा और मिथक की उत्पत्ति एक साथ मानता है। इसके मूल में ही है प्रतीकात्मक निर्मिति की भावात्मकता। इसमें यथार्थ का विम्ब नहीं उपस्थित किया जाता, बल्कि दोनों में अद्वैत का संबंध होता है नाम और वस्तु एक होती हैं।

आचार्य हजारीप्रसाद द्विवेदी ने कैसिरर के विचारों की व्याख्या करते हुए कहा है कि ''किसी वस्तु को प्रत्येक इन्द्रिय द्वारा संश्लिष्ट रूप में ग्रहण करना ही आदिम मनुष्य के लिए सम्भव रहा होगा। यह संश्लिष्ट रूप किसी एक क्षण की रचना नहीं

होगी। धीरे-धीरे उसके संस्कार संचित हुए होंगे और अंत में समस्त ऐन्द्रिय अनुभूतियों के संश्लिष्ट रूप ने उच्चरित वाक के रूप में अपने को अभिव्यक्त किया होगा। गति में रूपांतरित होकर उसने उल्लास के रूप में और शब्द में उल्लसित होकर संगीतात्मक नाद में अभिव्यक्ति पाई होगी। धीरे-धीरे भेद का विवेक स्पष्ट होने लगा और भाषा का बढ़ाव क्रमशः जाति से व्यक्ति की ओर हुआ होगा।''

द्विवेदीजी ने बहुत सही ढंग से इसे पराशक्ति की पश्यन्ती वृत्ति से जोड़ा है। यह वाक् का पहला स्फोट है। इस अवस्था में वाच्य वाचक में अभेदता का संबंध था—'नहि प्रथम ज्ञान काले भेदोऽत्र अस्फुरत, यतः वाच्यवाचकविशेषयोः अभेदः।' 'पद और पदार्थ में कोई अन्तर नहीं था। 'आम' स्फोट है। इस मंजिल पर आम शब्द और आम वृक्ष में यह अन्तर नहीं था कि एक संकेतक है दूसरा संकेतित। स्फोट के मध्यमा स्तर पर पद-पदार्थ में अंतर आया और वह भाव (आइडिया) के रूप में प्रस्फुटित हुआ। इसमें पार्थक्य पर जोर अवश्य है—'यत्र च मध्यमायां भेदावभासः।' वैखरी वृत्ति में पद-पदार्थ एकदम पृथक हो गए होंगे। आधुनिक शब्दावली में संकेतक (सिग्नीफायर) और संकेतित (सिग्नीफाइड) का स्पष्ट भेद हो गया। यहीं से 'विविक्तीकरण' की प्रक्रिया शुरू होती है। पहले अर्थ वाक् का अनुधावन करते थे। अब वाक् अर्थ का अनुधावन करने लगे।

द्विवेदीजी का कहना है—''यहाँ से आद्य ऋषियों की परम्परा समाप्त होती है और पदार्थों के लिए पद-रचना की प्रक्रिया शुरू होती है—नयी वस्तु और नए भाव के लिए नए शब्दों की रचना होने लगती है और मनुष्य निरंतर अर्थ की ओर बढ़ता चला जाता है। अर्थ वस्तुतः बाह्य जगत् में विद्यमान होते हैं। मनुष्य का मस्तिष्क उनका बिम्ब ग्रहण करता है और उन बिम्बों के लिए किसी शब्द की रचना करता है और भाषा निरंतर अर्थानुगामिनी होती जाती है। जैसे-जैसे वह अर्थ प्रधान होती जाती है वैसे-वैसे उसमें गद्यात्मकता बढ़ती जाती है और छंद, राग और लय क्रमशः पीछे छूटते जाते हैं।'' छूटी हुई वस्तुएँ ही मिथक हैं। यह विविक्त वर्णा भाषा के पहले का रूप है।

मिथक के संबंध में मनोविश्लेषकों और समाजशास्त्रियों तथा नृतत्वशास्त्रियों के अलग-अलग विचार हैं। फ्रायड का सहयोगी युंग इसे सामूहिक आद्य बिम्ब कहता है। युंग मानस के तीन स्तरों का उल्लेख करता है—चेतन, वैयक्तिक अवचेतन और सामूहिक अवचेतन। सामूहिक अवचेतन को वह प्रजातीय भी कहता है। वैयक्तिक अवचेतन सतह पर रहता है। शैलीविज्ञान के शब्दों में यह 'सरफेस स्ट्रक्चर' है। सामूहिक अवचेतन गुह्य, गम्भीर और व्यापक होता है। इसे 'डीप स्ट्रक्चर' कहा जा सकता है। इसी की अभिव्यक्ति मिथक है। यह सामूहिक मानव मन की भावनिर्मातृ अभिव्यक्ति है। इसी को युंग 'आर्केटाइपल इमेज' कहता है। स्मरण रखना चाहिए कि 'आरकेटाइप के संबंध में युंग के अनुमान फ्रायड की तरह स्वप्न-प्रतीकों की व्याख्या को लेकर ही हैं।

समाजशास्त्र (इथनोलाजिस्ट) और नृतत्वशास्त्रवेत्ता मिथक का जो विश्लेषण करते हैं वह मनोवैज्ञानिकों से भिन्न है। फ्रांसीसी समाजशास्त्री दुर्खीम के मतानुसार मिथक का संबध प्रकृति से नहीं समाज से है। उसके बुनियादी अभ्युदेश्य प्रक्षेपित सामाजिक जीवन के अतिरिक्त कुछ भी नहीं हैं। मलिनोव्स्की का कहना है कि मिथक न प्रकृति के प्रति चामत्कारिक प्रतिक्रिया है, न विगत का आलेख। उसका प्रयोजन सामाजिक व्यवस्था का संरक्षण और संचालन है। उसके अध्ययन को प्रकार्यवादी अध्ययन कहा जाता है। प्रसिद्ध नृतत्वशास्त्री लेवी स्त्रोस की दिलचस्पी समाजनिरपेक्ष, इतिहास-निरपेक्ष मिथकों की संरचना के उद्घाटन में है। वह आदिम संस्कृतियों की संरचना का तुलनात्मक अध्ययन करता है। दूसरे शब्दों में वह रूपवादी ही है। मिथक का संबंध धर्म और कर्मकांडीय अनुष्ठानों से भी जोड़ा गया है।

रेनेवेलेक का कहना है—"इस शब्द का अर्थ निश्चित कर पाना आसान नहीं है: यह एक अर्थ-क्षेत्र का संकेत करता है। हम सुनते हैं कवि और चित्रकार मिथ की तलाश करते रहते हैं। हमें 'प्रगति' या 'लोकतंत्र' के विषय की बातें सुनने में आती हैं। सुनते हैं कि विश्वसाहित्य में मिथ को पुनः स्थान दिया जाने लगा है, लेकिन साथ ही यह भी सुनने में आता है कि न तो मिथ की रचना की जा सकती है न मिथ में विश्वास किया जा सकता है, न किसी से इस पर विश्वास ही कराया जा सकता है। पुस्तकों ने मिथ का और महानगरों ने तथा बहुजातीय समाज ने नगर-राज्यों का स्थान ले लिया है।"

अब दो प्रश्न उठते हैं : एक तो यह कि मिथक का काव्य से क्या सम्बन्ध है? और दूसरा यह कि आलोचना के लिए मिथक से कौन से औजार लिये जा सकते हैं? यों दोनों प्रश्न एक दूसरे से सर्वथा पृथक नहीं हैं। मिथक और काव्य का संबंध स्थापित करते समय उन समानताओं पर विचार किया जाता है जो उभयनिष्ठ हैं। औजारों की तलाश इस दृष्टि से की जाती है कि वे किस सीमा तक आज के काव्य पर भी लागू हैं। पहला अनुमानात्मक है तो दूसरा आलोचनात्मक।

रिचार्ड चेज काव्य को मिथक और मिथक को काव्य मानते हैं। मिथक और कविता में अद्वैत सम्बन्ध है। यही नहीं उसका कहना है कि 'मिथक सिर्फ कला' है। 'सिर्फ' शब्द सिर्फ विचित्र है। इससे एक दुराग्रह प्रकट होता है। वह कहता है कि काव्य और मिथक एक ही प्रकार की मानवीय आवश्यकता से उद्भूत होते हैं, उनमें एक ही तरह की प्रतीकात्मक संरचनाएँ होती हैं। दोनों में ही विस्मय का सन्निवेश होता है। दोनों से ही अतिरिक्त भावनाओं का विरेचन होता है। अरस्तू के विरेचन सिद्धान्त के स्थान पर वह अपना विरेचन सिद्धान्त लागू करता है जिसका कार्य पशु को पालतू बनाना होता है। ये पशु धार्मिक अनुष्ठानों, कर्मकाण्डों मिथकों के कटघरे में बन्द किये गये थे जो अब टूट गये हैं। कलाकार उन पशुओं को पुनः सौन्दर्यशास्त्रीय अनुभव के कठघरे में बन्द करता है। इस तरह पशुता का विरेचन होता है। चेज की इस मान्यता को लेकर कुछ लोगों ने उसे मिथक का दीवाना कहा है। पर पशुता के विरेचन

या परिष्कार का सिद्धान्त अन्यथा नहीं प्रतीत होता। धर्म, साहित्य, संगीत, कला मनुष्य के सौन्दर्यबोध को जगाकर उसकी पशुता को पालतू ही बनाते हैं। पशुता मरती नहीं, न कभी मरेगी। समय-समय पर वह कला के पिंजरे को तोड़कर जघन्य उत्पात कर सकती है। आज के माहौल में इसीलिए रह-रह कर कला की निरर्थकता का प्रश्न उठाया जाता है। आदिम मनुष्य की मिथकीय कल्पनाओं ने निश्चय ही उसकी बर्बरता को कम करने में सहायता पहुँचाई होगी, लेकिन इसके कारण मिथक और काव्य में पूर्ण तादात्म्य का सिद्धान्त लागू नहीं होता।

फ्रायड के स्वप्न सिद्धान्त और युंग के सामूहिक अचेतन को भी आलोचना पर चस्पा किया जाने लगा। युंग का सिद्धान्त भी स्वप्न की व्यांख्या का ही सिद्धान्त है। कहा गया कि मिथक आदिम मनुष्य का स्वप्न है। उसी प्रकार साहित्य भी अचेतन मन की अभिव्यक्ति है। एक तो यही गलत है कि साहित्य अचेतन मन की अभिव्यक्ति है। इसके पीछे साहित्यकार का चेतन मन भी क्रियाशील रहता है। स्वप्न सिद्धान्त अच्छी और बुरी कला में भेद नहीं करता। यही नहीं मनोविज्ञान कला के रूपात्मक महत्त्व पर कतई प्रकाश नहीं डालता। फ्रायडीय सिद्धान्त 'मोटिफ' पर प्रकाश डालता है न कि रूप पर।

कुछ लोगों की दृष्टि में कविता और धर्म दोनों में मिथक समान रूप से शामिल है। यही नहीं उनका भी कहना है कि कालान्तर में धर्म के प्रति विश्वास उठ जायेगा और उसका स्थान कविता ले लेगी। इसके विरोध में रेनेवेलेक का कथन है कि "... .इससे प्रबल तर्क इस दृष्टिकोण के समर्थन में दिया जा सकता है कि कविता बहुत दिनों तक धर्म का स्थान नहीं ले सकती क्योंकि सम्भवत: इसका अन्त धर्म के पहले ही हो जायेगा। धर्म एक बड़ा रहस्य है, कविता छोटा रहस्य है।" पर धर्मगत अनुष्ठानों और रहस्य को लेकर कुछ अच्छे अध्ययन प्रस्तुत किए गए हैं। इसके लिए फ्रांसिस फरगुसन की पुस्तक 'आइडिया आफ थिएटर' और फिलिप ह्वीलराइट की 'दी बरनिंग फाउनटेन' द्रष्टव्य है।

नार्थराप फ्राई की पुस्तक 'एनाटोमी आफ क्रिटिसिज्म' में इस पर विस्तार से विचार किया गया है। वह आलोचना में विज्ञान होने की सम्भावनाएँ खोजता है। कवि कविता करता है। किन्तु उसका एक रूप होता है और रूपात्मकता के भी अपने कारण होते हैं। इन कारणों को वह 'आरकेटाइप' कहता है। आदिम संस्कृति के अध्ययन में अनुष्ठान, मिथक लोक कथाओं की खोज की जाती है। इसी फार्मूले को वह साहित्यिक आलोचना पर भी लागू करता है। इस तरह आलोचना एक प्रकार का साहित्यिक नृतत्त्वशास्त्र हो जाती है।

वह कविता को एक उत्पादन मानता है। कवि का कार्य है उसे अक्षत रूप में उत्पादित कर देना। उत्पादित कविता में कवि की अपनी निजी अनुभूतियाँ, अहं और स्मृतियाँ नहीं होतीं। वह कवि से अलग अपना स्वतन्त्र अस्तित्व रखती है। जहाँ वह कवि से अलग होती है वहाँ से ही आलोचक का कार्यारम्भ होता है। पर आलोचक

कर्म की वह कोई व्याख्या नहीं करता। कविता को जीवंत आवयविक वस्तु स्वीकार करने के अनन्तर वह यह नहीं बताता कि कविता की जीवंतमयता किन तत्वों के सम्मिश्रण में निहित है।

श्रीमती लैंगर कला को मिथकीय चिन्तन से जोड़ती हैं और फिर अलग करती हैं। मिथक, निजंधरी-कथाएँ और परी कथाएँ स्वयं में कला वह नहीं है। वे कला के लिए कच्चा माल हैं। मिथक की प्रकृति ऐसी है कि उसे विशिष्ट शब्दों या भाषा में बाँधना आवश्यक नहीं है। इसलिए मिथकों का अनुवाद हो सकता है। अनुवाद में उसका कोई तत्व क्षरित नहीं होता, उसमें किसी प्रकार की विकृति नहीं आती, किन्तु साहित्य में विशिष्ट शब्दों का प्रयोग किया जाता है उसकी विशिष्ट संरचना होती है। अपनी इस विशिष्ट संरचना या रूप के कारण उसका अनुवाद नहीं हो सकता। अनुवाद करने पर उसका रूप-विन्यास बहुत कुछ नष्ट हो जाता है। कथा-साहित्य और नाटक के अनुवाद में उनके रूप-विन्यास को एक सीमा तक बचाया जा सकता है, लेकिन कविता के अनुवाद में श्रुति बिम्बों, रंगों, प्रतीकों को सुरक्षित बचा पाना सम्भव नहीं है। अनुवाद में कविता सबसे ज्यादा विकारग्रस्त हो उठती है।

मिथक और साहित्य में मुख्य अन्तर यह है कि मिथक आदिम मनुष्य का यथार्थ है जब कि साहित्य सभ्य मनुष्य का यथार्थवाद है जिसमें उसका अपना उद्देश्य और दृष्टिकोण भी समाहित रहता है। साहित्य मिथक हो ही नहीं सकता। साहित्य में मिथकों का साभिप्राय प्रयोग होता है। साहित्यकार मिथकीय बिम्बों द्वारा अपनी रचना की दो समस्याएँ हल करता है, एक तो वह आदिम विश्वासों को नया रूप देकर उन्हें जीवन के संघर्षों की ओर मोड़ता है दूसरे सम्प्रेषण की समस्या भी हल करता है।

अब उस प्रश्न की चर्चा जरूरी है कि आलोचना के लिए मिथक के किन तत्वों को लिया जाये। रेनेवेलेक का कहना है कि ''साहित्यिक सिद्धान्त के लिए इसके महत्वपूर्ण सिद्धान्त सम्भवत: ये हैं : बिम्ब या चित्र, सामाजिक, अतिप्राकृतिक (या प्रकृतवादी या अतर्क्य) तत्व, आख्यान या कहानी आद्य या सार्वभौम तत्व, हमारे कालातीत आदर्शों का कालबद्ध प्रतीकात्मक प्रस्तुतीकरण, कार्यक्रम, सृष्टि या प्रलय या रहस्य का तत्व। समकालीन चिन्तन में 'मिथ' के प्रति किसी की रुचि मुख्यत: इनमें से किसी पक्ष को लेकर हो सकती है।'' 'वेलेक' के इस उद्धहरण से जो बात साफ तौर पर सामने आती है, वह है कि मुख्यत: मिथकों से पाँच तत्वों को साहित्य में ग्रहण किया जा सकता है—अतिप्राकृत तत्व, अनुष्ठान, आख्यान बिम्ब और प्रतीक।

प्रसाद की कामायनी में अतिप्राकृत तत्व के साथ अनुष्ठान भी ग्रहण किए गए हैं। महाप्रलय की कथा थोड़े बहुत हेरफेर के साथ भारत के अतिरिक्त अन्य देशों और धर्मों में भी पायी जाती है। प्रसाद ने प्रलय की कथा को तो ले लिया है पर उसका साहित्यिक बिम्ब प्रस्तुत किया है। प्रलय की कथा कामायनी को समझने में मदद कर सकती है पर यह कथा मात्र नहीं है। हम उसका साक्षात्कार करते हैं। कामायनी के अन्तिम सर्गों में अनुष्ठानों का उपयोग किया गया है। प्रसाद ने उनमें रहस्य का रंग भी

भरा है, किन्तु ये अनुष्ठान आधुनिक युग के अनुरूप नहीं हैं। अत: उसके अन्तिम सर्ग कामायनी की भास्वरता में विक्षेप डालते हैं।

निराला की 'राम की शक्ति पूजा' में भी अतिप्राकृत तत्व और अनुष्ठानों का विधान किया गया है। हनुमान का ऊर्ध्वगमन अति प्राकृत तत्व है। इसके विरुद्ध आलोचकों ने आपत्तियाँ भी उठाई हैं। हनुमान की शक्ति और सेवक के संयम को चित्रित करने के लिए दूसरा विकल्प नहीं था। 'शक्ति पूजा' के अनुष्ठान को उसकी प्रतीकात्मकता में सार्वभौम बना दिया गया है। निराला ने इसे मूल्यपरक भी बना दिया है। यही नहीं इसमें राम के प्रचलित मिथक को तोड़कर उन्हें मानवीय संघर्ष की भूमिका में ला खड़ा किया है।

अनुष्ठानों का प्रयोग आचार्य हजारीप्रसाद द्विवेदी के उपन्यासों में प्रायश: हुआ है। 'बाणभट्ट की आत्मकथा' में अघोर भैरव की अवधारणा एक अनुष्ठान है तो महावाराह एक प्रतीक कथा-बिम्ब। प्रमुथ्य पश्चिमी मिथकों का एक प्रसिद्ध पात्र है जो काव्य में प्रतीक के रूप में इस्तेमाल किया गया है। युयुत्स जो महाभारत का एक पात्र है उसे भारती ने प्रतीक के रूप में लिया। लोक में बिखरी हुई कथाओं को भी इधर की कविता में मिथकवत व्यवहृत किया गया है। उदाहरणार्थ कुमार विमल की 'सामरिक चुप्पी' ली जा सकती है। आज की कविता में नई कथाओं के मिथक बनाये गये हैं।

मुक्तिबोध ने अपनी कविताओं में मिथकीय प्रतीकों और सपनों का भरिश: प्रयोग किया है। उनकी प्रत्येक कविता भूत-प्रेत, ब्रह्मराक्षस, भैरो, पशु-पक्षी, पेड़-पौधों ओरांगउटांग आदि से विन्यस्त नया मिथक बनाती है। पशुओं के मिथक का प्रयोग शेक्सपियर ने भी किया है, किन्तु जब तक इन मिथकों का प्रतीकत्व स्पष्ट नहीं होता तब तक कविता भी अबूझ रहेगी। पर ये मिथक प्रतीक बन कर ही अपनी अर्थवत्ता का विस्तार करते हैं। मिथकों में असम्भव के स्थान पर सम्भव को चुनना, यथार्थ के स्थान पर अयथार्थ को लेना, अविरोधी के स्थान पर विरोधी का चुनाव उनका निजी पैटर्न है जिसमें रह रहकर अस्तित्व का संकट झाँकता रहता है। मुक्तिबोध के मिथक छोटी-छोटी इकाइयों में विभक्त रहते हैं और उनकी टकराहट से एक व्यापक यथार्थ की सामाजिक, सांस्कृतिक तथा वर्गीय यथार्थ की अभिव्यक्ति होती है। आख्यान की व्यवस्था में ढीलापन रहता है फिर भी उसमें तर्कसम्मत क्रम मिल जायेगा। आख्यान में सम्मिलित अतिप्राकृत तत्व एक ओर भयावना बिम्ब प्रस्तुत करते हैं तो दूसरी ओर कथात्मक संरचना में सहायक होते हैं, किन्तु साहित्य में प्रयुक्त होकर मिथ अविशुद्ध हो जाता है। इस अन्तर को देखते हुए मिथकीय आलोचना की मूल स्थापना की काव्य मिथक है, खण्डित हो जाती है।

सच पूछिये तो मिथकीय समीक्षा कोई तर्कसम्मत सरणि नहीं प्रस्तुत कर पाती। इस तथ्य की पुष्टि उन सभी समीक्षाओं से भी हो जाती है जिनमें मिथकों का आधार लिया गया है। जान बिकरी ने मिथक सम्बन्धी एक ग्रन्थ का सम्पादन किया है—'मिथक

और साहित्य'। इसके तीसरे खण्ड में ऐसे निबन्ध संगृहीत हैं जिनमें मिथकीय समीक्षा का प्रायोगिक रूप दिखाई पड़ता है।

इन निबन्धों में मनमाने वैयक्तिक अनुमानों के आधार पर अर्थापन किये गये हैं। उनमें एकरूपता का ऐकान्तिक अभाव है। अनुष्ठानों को लेकर जो कुछ लिखा गया है वह भूलभुलैया का अच्छा खासा नमूना है। यद्यपि मिथक और निजंधरी कथा में अन्तर है फिर भी इसे उसमें शामिल कर लिया गया है।

नृतत्वशास्त्र, मनोविश्लेषण और भाषिकी से सहायता लेकर मिथकीय समीक्षा कला के रूप तत्व पर प्रकाश डालती है, पर इसके द्वारा निर्दिष्ट रूप नयीसमीक्षा द्वारा उपस्थापित रूप तत्व के आगे काफी अधूरी मालूम पड़ती है। इतिहास से इसका कोई मतलब नहीं है और मूल्यांकन! इससे तो इसका दूर का भी सरोकार नहीं है। सच बात तो यह है कि यह समीक्षा अपने आप में एक भटकाव है। हम कहीं से घुस कर कहीं पहुँच सकते हैं या उसमें फँस कर निकलना भी मुश्किल हो सकता है। हाँ, समीक्षक वागाडम्बर का ठाट खड़ा कर सकता है पर मिथकों के बिम्बात्मक, अनुष्ठानात्मक तथा प्रतीकात्मक पक्षों का विनियोग सावधानी से किया जा सकता है। इससे अधिक इसकी कोई उपादेयता नहीं है।

संरचनावाद और आलोचना

संरचनावाद एक अमूर्त एवं जटिल प्रत्यय है। भाषिकी इसका मूल आधार है। इस आधार को लेकर वह गणित, भौतिकी, रसायनविज्ञान, जीवविज्ञान, मनोविज्ञान, नृतत्वशास्त्र, अर्थशास्त्र आदि के क्षेत्रों में पूरी तरह प्रविष्ट हो चुका है। साहित्य की वैज्ञानिक आलोचना के लिए भी इसका उपयोग किया जा रहा है। रोनाल्ड बार्थ जैसे संरचनावादी ने कुछ व्यावहारिक समीक्षाएँ भी लिखी हैं। इसकी व्याप्ति में कोई विचार समाहित हो सकता है। इस क्षेत्र में सबसे अधिक महत्वपूर्ण काम नृतत्वशास्त्र, मनोविज्ञान, राजनीति आदि में हुआ है। अत: जब तक लेवीस्त्रोस, लकन, अलथ्यूसर, स्टिव, रोलां वार्थ आदि का उल्लेख न हो ले तब तक संरचना की चर्चा अधूरी रहती है, किन्तु इस आन्दोलन में शरीक लोग एक दूसरे से इतने भिन्न हो गए हैं कि डोनातो को कहना पड़ा कि क्या संरचनावाद की कोई प्रामाणिकता है अथवा क्या संरचनावाद कभी अस्तित्व में था? डोनातो का कथन अतिवादी है। इस विषय पर किताबों का जंगल खड़ा हो गया है। यह दूसरी बात है कि स्वयं संरचनावाद के सिद्धान्त को ठीक ठिकाने की वैज्ञानिकता नहीं मिल पाई है। जहाँ तक साहित्यिक आलोचना का संबंध है इसकी स्थिति काफी अनिश्चित और सन्देहास्पद है।

संरचनावाद की समझदारी प्राप्त होने के पहले स्वयं संरचना को समझना जरूरी है। किसी संपूर्ण संघटना के अंगीभूत घटकों का क्रम-विन्यास और पारस्परिक संबंध ही संरचना है। सामन्ती समाज की संरचना एक प्रकार की होगी और पूँजीवादी समाज की दूसरे प्रकार की। ज्याँ पेजे के मतानुसार संरचना इकाइयों की वह व्यवस्था है जिसमें तीन अवधारणाएँ शामिल हैं—साकल्य (होलनेस), रूपान्तरण और आत्मानुशासन। साकल्य में विभिन्न इकाइयों की ऐसी आन्तरिक संगति होती है जो अपने आप में संपूर्ण हैं। भारतीय आचार्यों की शब्दावली इसे अधिक अच्छी तरह अभिव्यक्त करती है। इसे अवयवसहित अवयवरहित कहा जा सकता है। विभिन्न घटकों के पारस्परिक संबंधों का परिवर्तन संरचना का रूपान्तरण कर देता है। यह गत्यात्मक होती है। यह अपने अनुशासन और नियमों से परिचालित है। इसके अपने आन्तरिक नियम होते हैं और वह उसी से अनुशासित होती है। इसके घटक जिस रूप में संरचना के भीतर होते हैं, उस रूप में बाहर नहीं होते। भाषिक संरचना में शब्द 'तुम' सर्वनाम, कर्ता-कर्म आदि होंगे न कि व्यक्ति। संरचना के सम्बन्ध में चिंतन की विशिष्ट पद्धति संरचनावाद है।

इसे एक उदाहरण द्वारा स्पष्ट किया जा सकता है। एक वाक्य देखें—'गया तीर्थस्थान है।' इसके तीन घटक हैं—गया+तीर्थस्थान+है। तीनों के पारस्परिक सम्बन्ध हैं। इन सम्बन्धों के कारण ही इसका एक अर्थ होता है, किन्तु इसमें रूपांतरण की

क्षमता है। इसे अनेक प्रकार से रूपान्तरित किया जा सकता है। जैसे, 'क्या गया तीर्थ स्थान है।', 'गया तीर्थ स्थान नहीं है।', 'क्या गया तीर्थ स्थान नहीं है?' 'तीर्थ स्थान गया है।' कर्ता, क्रिया आदि को बदलकर इसके हजारों रूपान्तर सम्भव हैं। पहले वाक्य और रूपान्तर को समझ लेने पर पता लग जायेगा कि इनके पीछे एक ही पैटर्न है। दूसरे शब्दों में वे हिन्दी की व्याकरणिक पद्धति से बद्ध हैं। दूसरी भाषाओं की व्याकरणिक पद्धति दूसरी हो सकती है। वाक्य की सार्थकता व्याकरणिक पद्धति पर निर्भर है। व्याकरणिक पद्धति से मुक्त होकर वाक्य निरर्थक हो जायेगा, जैसे, 'गया तीर्थ है स्थान।' इस प्रकार की अर्थ-प्रक्रिया और पैटर्न के मूल में एक परम्परागत रूढ़ प्रणाली क्रियाशील रही है जिसके स्वयं के आन्तरिक नियम बन गए हैं।

इससे कई निष्कर्ष निकलते हैं—

१. किसी भी लिखित या उच्चरित वाक्य के पीछे व्याकरण की एक पद्धति होती है।

२.उसकी एक संरचना होती है जिसके अनेक रूपान्तर हो सकते हैं।

३. संरचनाएँ परम्पराभुक्त रूढ़ियों के तहत क्रियाशील रहती हैं।

४. जो लोग इस विशिष्ट पद्धति से परिचित हैं उन्हीं को सार्थक वाक्य संप्रेपित किए जा सकते हैं।

संरचनावादी एक पद्धति चाहता है। साहित्य की हर विधा इसी पद्धति पर आधारित है। प्रश्न होता है कि यदि सभी विधाओं की संरचना एक ही है तो भिन्न भिन्न नाम क्यों रखे गये हैं? कोई काव्य, कोई उपन्यास, कोई नाटक, कोई कहानी क्यों कहलाता है? जानथन कलर अपनी पुस्तक 'स्ट्रक्चरलिस्ट पोइटिक्स' में इस तरह का सवाल उठाता हुआ कहता है कि वह क्या है जिससे कहा जाता है कि अमुक व्यक्ति ने एक गोल बना लिया है। दो पोल के बीच की जगह से गेंद को बाहर करने की प्रक्रिया 'फेंको' को तब तक गोल की संज्ञा नहीं दी जा सकती जब तक वह खास शर्तों के तहत न किया गया हो। वस्तुतः दर्शकों की भीड़ ने उसे यह अर्थ दिया है। उसी प्रकार कोई कविता लिखता है, क्योंकि कुछ लोग उसे कविता कहते हैं। वे इसे कविता कहते हैं इसलिए वह कविता है। एक खास ढंग से भाषा का इस्तेमाल कविता है। इसे कविता कहने के लिए समाज के सदस्यों में मतैक्य है। इसी तरह उपन्यास, नाटक, कहानी के सम्बन्ध में कहा जा सकता है।

वैयाकरण वाक्य के गोचरीभूत संरचना पर विचार करता है जब कि सरंचनावादी गहन संरचना पर (डीप स्ट्रक्चर पर)। वह शब्दों के संयोजन के मूलवर्ती सिद्धान्तों का अन्वेषी है। दूसरे शब्दों में वह पद्धति या व्यवस्थान्वेषी है। इस पद्धति के पीछे भी कुछ विश्वास और कुछ प्रणालियाँ हैं। इस पद्धति को वैज्ञानिक तरीके से प्रस्तुत किया जाता है। संरचनावादी इस वाद को साहित्यालोचन का विज्ञान कहते हैं। वे अर्थ की तलाश नहीं करते, बल्कि पद्धति की करते हैं। इसके लिए वे भाषिकी के उस माडेल को सामने रखते हैं जिसे सस्यूर ने तलाशा है। यह माडेल साहित्यिक आलोचना के लिए कितना

ग्राह्य और कितना अग्राह्य है, इसकी चर्चा आगे की जायेगी। फिलहाल सस्यूर के माडेल को ही देख लिया जाये।

भाषा और वाच्

सस्यूर भाषा की परिभाषा करते हुए उसके दो तत्वों का उल्लेख करता है—भाषा (लांग) और वाच् (पैरोल)। भाषा की पद्धति है यानी नियम, परम्परा और उस भाषा के बोलने वालों का पारस्परिक मतैक्य। वाचू (पैरोल) वैयक्तिक उच्चार है जो भाषा के ही नियमों से परिचालित है। वाच अभिव्यक्ति है या भाषा का व्यवहार में ले आया जाने वाला स्वरूप। व्यवहार में हम लोग जिस भाषा का उच्चार करते हैं वह वाच् या पैरोल है।

भाषा और वाच् के अन्तर को सास्यूर ने शतरंज के खेल का उदाहरण देकर समझाया है। शतरंज के खेल के कुछ अमूर्त नियम होते हैं, किन्तु उन नियमों की मूर्तता वास्तविक खेल में प्रकट होती है जबकि हाथी, घोड़ा, ऊँट, पैदल आदि पारम्परिक रिश्तों में सम्बद्ध होते हैं। शतरंज के अमूर्त नियम पूर्ण हैं जबकि वास्तविक खेल प्रत्यक्षीकृत होता है। शतरंज के अमूर्त नियम की तरह भाषा के भी अपने नियम हैं। वास्तविक खेल पैरोल है जो खंडश: प्रत्यक्षीकृत होता है। जिस प्रकार शतरंज का वास्तविक खेल शतरंज के नियमों से नियन्त्रित रहता है उसी तरह वाच् या पैरोल भाषा से रहता है। नोमचाम्स्की भाषा को क्षमता, सामर्थ्य (कांपीटेंस) और पैरोल को वैयक्तिक व्यापार (इंडिविजुअल परफामेंस) कहता है।

प्रश्न होता है कि भाषा और वाच् के पारस्परिक अंतर तथा समता को साहित्यिक आलोचना पर कैसे लागू किया जाये। दूसरे शब्दों में आलोचना के लिए उनकी प्रासंगिकता क्या है? भाषाविद वाच् का विवेचन इस दृष्टि से करता है कि उसके पीछे भाषा की पद्धति क्या है? किसी कृति का पाठ वाच् या पैरोल है। आलोचक उसकी संरचना अन्वेषित करता है, लेकिन यहीं पर आलोचना की प्रक्रिया समाप्त नहीं होती बल्कि वह एक कृति के माध्यम से समस्त साहित्य की पद्धति तलाशने की कोशिश करती है। पीछे संकेतित किया जा चुका है कि साहित्य की एक ही मूल पद्धति है, विभिन्न विधाएँ उस पद्धति के अलग-अलग रूपान्तरण हैं कृति विशेष साधन है साध्य नहीं है। जिस पद्धति के तहत रचना की निर्मिति हुई है उसकी पद्धति के आधार पर पाठक उसे साहित्यिक कहता है। दूसरे शब्दों में पद्धति ही साहित्यिकता है।

संकेत, संकेतक और संकेतित

भाषकीय संरचना की बुनियादी इकाई संकेत (साइन) है। संकेत, में ये संकेतक और संकेतित अन्वित रहते हैं। वस्तुत: संकेतक ध्वनि बिंब है और संकेतित प्रत्यय। 'गुलाब' और 'कमल' दो शब्द संकेत हैं। दोनों दो प्रकार के फूल हैं। शब्द और फूल का सम्बन्ध यादृच्छिक है। इसके पीछे कोई तर्क नहीं है। वास्तविक 'गुलाब' या 'कमल' जो संसार में देखा जाता है वह कविता में प्रत्यय के रूप में प्रयुक्त होता है। प्रत्यय यानी

भाव और विचार के रूप में। दो उदाहरणों द्वारा इसे और स्पष्ट करना जरूरी है—

अबे, सुन बे, गुलाब
भूल मत जो पाई खुशबू, रंगो आब
खून चूसा खाद का तूने अशिष्ट
डाल पर इतरा रहा है कैपीटलिस्ट

× × ×

फूल लाया हूँ कमल के
क्या करूँ इनका?
पसारें आप आँचल
छोड़ दूँ
हो जाय जी हल्का।

पहले उदाहरण में गुलाब स्पष्टत: प्रत्यय है, वास्तविक गुलाब का फूल नहीं। दूसरे उद्धरण का 'कमल' पुष्प से भिन्न एक भाव अथवा प्रत्यय है। साहित्यिक कृतियाँ संकेतों की संरचना हैं जिनका सम्बन्ध वास्तविक वस्तुओं से नहीं है। अत: संरचनावादियों की दृष्टि में साहित्य में यथार्थवाद नहीं होता। वह साहित्य में 'यथार्थवाद' के विचार को ही खारिज कर देता है।

एककालिक (सिनक्रोनिक) और ऐतिहासिक (डायोक्रोनिक)

भाषा के स्थिर पक्ष का अध्ययन एकक्रालिक कहा जाता है और विकासवादी अध्ययन ऐतिहासिक। पहले में इतिहास के प्रत्येक काल में भाषा को समग्र पद्धति के रूप में देखा जाता है जो अपने आप में पूर्ण होती है। इसमें भाषा के एक तत्व का अध्ययन दूसरे तत्वों के संबध में विश्लेषित किया जाता है। ऐतिहासिक अध्ययन में जिस तत्व का अध्ययन किया जाता है उसे भाषा की पद्धति से अलग करके उसके क्रमविकास की ऐतिहासिकता अन्वेषित की जाती है। गालिब का एक शेर है—

आहको चाहिए इक उम्र असर होने तक।
कौन जीता है तेरी जुल्फ के सर होने तक॥

एककालिक अध्ययन से यदि कोई जुल्फ की विवेचना करना चाहता है तो उसे गालिब के तमाम शेरों में इस शब्द से संबद्ध अन्य शब्दों और सन्दर्भों के रिश्ते तलाशने होंगे। और अगर ऐतिहासिक अध्ययन करना हो तो शब्द विशेष की निरुक्ति से लेकर उसके क्रमिक बदलाव के आर्थिक, सामाजिक, सांस्कृतिक कारण खोजने होंगे। कहना न होगा कि एककालिक अध्ययन एक घेरे के भीतर बन्द अध्ययन है। चूँकि संरचनावाद की सीमा में भाषिकेतर अनुशासनों (राजनीत, अर्थशास्त्र, मनोविज्ञान आदि) का प्रवेश वर्जित है इसलिए संरचनावाद में एककालिक अध्ययन ही अभिप्रेत है। इस अध्ययन में कविता, कहानी आदि की पृथक्-पृथक् सत्ताएँ नहीं हैं।

विन्यासी (सिंटिग्मैटिक) और सहधर्मी (पैराडिग्मैटिक)

विन्यास का अर्थ है वाक्य में प्रयुक्त शब्दों का क्रम। कोई भी वाक्य तब तक पूरा नहीं होता जब तक अन्तिम शब्द अपनी जगह न ले ले। इसमें काल का भी क्रम होता है क्योंकि पूरा वाक्य समाप्त होने में समय लगता है। इसीलिए साहित्य को कालिक और चित्र को कालिक नहीं कहा जाता क्योंकि उसे एक साथ देखा जा सकता है। सस्यूर इसे विन्यासी (सिंटिग्मेटिक) कहता है। 'वह समाचार पत्र पढ़ता है' एक वाक्य है। इसमें शब्दों का एक क्रम है-एक दूसरे से संबद्ध क्रम। जब तक 'वह' 'है' तक नहीं पहुँचता तब तक न वाक्य पूरा होता है और न अर्थ हाथ लगता है। सारे शब्दों को एक साथ उच्चरित नहीं किया जा सकता। वाक्य समाप्त करने में समय लगेगा। फिर भी सारे शब्दों को एक साथ लेने पर ही वाक्य अर्थवान होगा।

सहधर्मिता शब्दों की भी होती है और पद्धति की भी। सहधर्मी शब्द पर्यायवाची भी होते हैं और विलोम भी। अज्ञेय की एक कविता है—सावन-मेघ। उसकी पंक्तियाँ हैं—'आह, मेरा श्वास है उत्तप्त- !/धमनियों में उमड़ आई है लहू की धार/ प्यार है अभिशप्त/तुम कहाँ हो नारि/?।' इसमें 'नारि' शब्द को ही लें। इसके अनेक पर्यायवाची हैं—स्त्री, रमणी, प्रमदा, कामिनी वगैरह वगैरह। इनमें से नारि को चुना गया है जो सर्वाधिक मौजूं है। इसी को शुक्लजी ने शब्दशोधन कहा है। इसके साथ उसका विलोमशब्द है नर। ये सभी पर्यायवाची और विलोम शब्द कवि के मस्तिष्क में रहते हैं। इस प्रयोग को ही संस्कृत के आचार्य 'एक: शब्द: सुप्रयुक्त:' कहते हैं।

उपर्युक्त कविता एक साहित्यिक निर्मिति है। उसमें अभिव्यक्त भाव अज्ञेय का अन्वेषण नहीं है बल्कि उस प्रकार के भाव साहित्य में मौजूद हैं। कवि इस तरह के भावों और विचारों को, जो अमूर्त साहित्यिक पद्धति में प्रस्तुत हैं, पकड़ता है और उन्हें ठोस रूप देता है। कवि पूर्वकथन का ही पुन: कथन करता है। इस तरह एक कविता दूसरी में संबद्ध होती है। सभी कविताएँ एक दूसरे से संबद्ध होकर एक सहधर्मी (पैराडिग्मेटिक) काव्यात्मक संसार की रचना करती हैं। अत: संरचनावादी एक कविता के विवेचन तक सीमित नहीं रहते, बल्कि उसके माध्यम से कविता या साहित्य मात्र की पद्धति को उजागर करते हैं।

यदि शैलीविज्ञान गणित है तो संरचनावाद बीजगणित। देखना यह है कि इस प्रणाली से आलोचना कहाँ तक लाभान्वित होती है अथवा नहीं होती। जिन पारिभाषिक शब्दों का प्रयोग सस्यूर ने किया है उससे भाषिकी का माडेल तैयार होता है। संरचनावादी इस माडेल को ही संरचनावादी आलोचना का माडेल बनाते हैं। यह सही है कि बाद में संरचनाविदों, विशेष रूप से रोनाल्डवार्थ और तोदरोव, ने स्पष्ट कहा है कि इस माडेल को आरंभ की सुविधा के लिए लिया जाता है। साहित्य इस माडेल से विपथित होता है। फिर भी इस माडेल के आधार पर ही साहित्यिक संरचना का माडेल प्रस्तुत किया जा सकता है।

पहले इसके निषेधात्मक पक्षों को लें-न रचयिता और रचना-प्रक्रिया से इसका कोई संबंध है न इतिहास से है। यथार्थ से इसका कोई सरोकार है ही नहीं। अर्थवत्ता की तलाश इसकी सीमा में नहीं आती। कृति-बाह्य सभी कुछ अस्पृश्य है।

इसका विधि पक्ष है भाषिक संरचना का यानी पद्धति का अन्वेषण। बार्थ कहता है कि काव्य सत्य से इसका मतलब न होकर भाषा की संगति से है। जिस प्रकार भाषिकी की एक पद्धति होती है उसी प्रकार साहित्य भाषा की एक पद्धति होती है, सस्यूर की भाषा में लांग होता है। हर कृति वाच् या पैरोल है जो मूलत: उसी पद्धति से लांग से नियंत्रित है। कृति विशेष में मूलभूत पद्धति का ही रूपान्तरण होता है। मूलभूत पद्धति में प्रजनन की अशेष क्षमता होती है। प्रत्येक प्रजनन रूपान्तरण है। इस रूपान्तरण के अपने साधनों या प्रविधियों को देखने के बाद आलोचक इसे मूलभूत यानी व्यापक बुनियादी पद्धति के परिप्रेक्ष्य में देखता है। ऐसा कहने के लिए वह सहधर्मी या पैराडिग्मैटिक पद्धति अपनाता है।

साहित्य की अनेक विधियों की चर्चा करना बेकार है, क्योंकि सभी की मूल संरचना एक ही है केवल रूपान्तरण अलग-अलग है। बार्थ कथा-साहित्य में एक सामान्य भाषा तलाशने की कोशिश करता है। हर औपन्यासिक कृति की भाषिक संरचना अलग होते हुए भी मूल पद्धति से अनुशासित रहती है। हाँ इसकी बनी-बनाई पद्धति नहीं है, उसे बनानी पड़ती है। वस्तुत: यह आत्यंतिक रूपवाद है। इसका रूपवाद नई समीक्षा और रूसी रूपवादी आलोचना के रूपवाद की अपेक्षा कहीं अधिक जटिल और ज्यामितिक है। यह ऐसा चक्रव्यूह है जिसमें आलोचना के अभिमन्यु का बध निश्चित है।

जिस भाषिक माडेल की बात ऊपर उठाई गई है वह साहित्यिक आलोचना के लिए कितना उपादेय है? सर्वप्रथम यही विचारणीय है। संरचनावाद मानता है कि सामान्य भाषा से साहित्य की भाषा मूलत: भिन्न न होते हुए भी अपनी गहन संरचना में भिन्न है। दूसरे शब्दों में कहा जा सकता है कि दोनों का बाह्य संरचना (सरफेस स्ट्रक्चर) एक है पर साहित्य में एक संरचना और होती है जिसे गहन संरचना (डीप-स्ट्रक्चर) कहा गया है। संरचनावादी समीक्षा का सम्बन्ध इसी से है। काव्य भाषा में व्याकरण के नियम भारतीय काव्यशास्त्र में भी स्वीकार्य है, किन्तु जिस गहन संरचना या डीप स्ट्रक्चर की बात संरचनावादी कहते हैं उसे ही कुंतक वक्रोक्ति कहता है। काव्यार्थ का विभाजन इसी से होता है। पर भाषिकी के माडेल की बात सबसे पहले संरचनावादियों ने उठाई है।

किन्तु भाषिकी की अपनी सीमा है। केवल भाषाविद् साहित्य को नहीं समझ सकते। वे भाषिकी की प्रविधियों से साहित्य का विश्लेषण करते हैं। साहित्य एक संस्था है और भाषा दूसरी। अत: साहित्य की विवेचना के लिए विशेष प्रकार की दीक्षा लेनी होगी। इसके अभाव में साहित्यालोचन भाषिकी का कंकाल बनकर रह जायेगा। रोमन जेकोब्सन और लेवी स्त्रोस ने बादलेयर के लेख का जो विश्लेषण किया है वह

यादृच्छिक है। उसमें जो सूचनाएँ दी गई हैं वे आलोचना के काम की नहीं हैं।

भाषिकी के माडेल पर सिद्ध किया जाता है कि सारी संरचनाएँ अचेतन मन की वास्तविकताओं पर यानी उसकी संरचना पर आधारित हैं। साहित्य, नृतत्वशास्त्र आदि उसी मूल संरचना की तलाश करते हैं। साहित्य-सृजन में अचेतन मन के योग को अस्वीकारा नहीं जा सकता, पर यह सचेत मन का भी व्यापार है। भाषिकी का माडेल भाषाविज्ञान का माडेल हो सकता है जो साहित्यिक आलोचना के लिए मौजूँ नहीं है।

सरंचनावादी साहित्य को स्वायत्त और इतिहास-निरपेक्ष मानते हैं। रूसी रूपवादियों ने साहित्य की साहित्यिकता पर विशेष जोर दिया है। इनमें अधिकांश भाषिकी के क्षेत्र में काम करने वाले थे, जैसे, बोरिस इकेनबाम, विक्टर श्क्लोवस्की, रोमन जैकोब्सन आदि। इनका सीधा सम्बन्ध वस्तुनिष्ठ तथ्यों से था। रूपवादियों और संरचनावादियों में अनेक समानताएँ हैं। साहित्य के कथ्य, सन्देश, स्रोत, इतिहास और सामाजिक आयामों से किसी का कोई सरोकार नहीं था। श्क्लोवस्की का कहना है कि यह जीवन-मुक्त है। इसके नियमों की व्याख्या इसी के नियमों से होती है। इनकी दृष्टि में कवि का कार्य भाषा में वैचित्र्य लाना है, उसे अजनबी (डी-फेमिलियराइज्ड) बनाना है। अत: सारा बल काव्य के निर्माणकारी तत्वों पर दिया जाता है। इस अर्थ में संरचनावाद भी रूपवाद है।

जिस रूपान्तरण की चर्चा संरचनावादी करते हैं वह क्यों होता है? इतिहास के भिन्न-भिन्न कालों में रूपान्तरण का जो वैविध्य दिखाइ पड़ता है उसके पीछे क्या इतिहास का दबाव नहीं है? उपन्यास-रूप क्या रूपान्तरण के खेल के लिए आ गया है अथवा इसके पीछे औद्योगिक समाज और मध्यवर्ग का उदय भी है? महाकव्यों का सृजन अचानक क्यों गायब हो गया? लंबी वैचारिक कविताएँ क्यों उग आईं? नाटकों के बीज बिन्दु पताका प्रकरी कहाँ चले गए?

इधर इतिहास का समर्थन करते हुए मार्क्सवादी संरचनावाद भी जनमा है। इसकी जन्मभूमि फ्रांस है और इसके जनक अलथ्यूसर हैं। इन संरचनावादियों में साहित्यिक दृष्टि से सबसे महत्वपूर्ण नाम है—लूसिएँ गोल्डमान का। इस सन्दर्भ में उसका 'उत्पत्तिमूलक संरचनावाद' उल्लेख्य है। इसका केन्द्रवर्ती विवेच्य है 'सन्तुलन'—स्रष्टा और परिवेश के बीच का सन्तुलन। परिवेश के परिवर्तन से नए स्रष्टा को नवीन सन्तुलन बनाना पड़ता है। एक संरचना के स्थान पर दूसरी संरचना बनती है। वह स्रष्टा को व्यक्ति नहीं मानता और न तो एक वर्ग के घेरे में ही कैद कर देता है। वह अपने वर्ग में रहता हुआ भी अन्य वर्गों से टकराता है, प्रभावित होता है, लड़ता है, समझौता करता है इससे उसका व्यक्तित्व संघटित होता है। कलात्मक संरचना और स्रष्टा की व्यक्तित्व-संरचना में एक सादृश्य होता है। गोल्डमान के इतिहासवाद में कला का अपना स्वरूप गायब हो जाता है। जब वह संरचनावाद जीवन, संस्कृति, समाज आदि को अस्वीकार कर देता है तो साहित्यिक आलोचना के मूल्यांकन से इसका क्या सम्बन्ध हो सकता है? पर जब इसमें शब्द पदार्थ का सूचक न मानकर प्रत्यय

(कांसेप्ट) का सूचक माना जाता है तो मूल्यांकन को क्यों छोड़ दिया जाता है? पीछे क़हीं कहा जा चुका है कि वाक्यगत गुलाब के फूल का अर्थ नहीं देता बल्कि प्रत्यय का अर्थ देता है तो इसे मूल्यांकन में क्यों नहीं शामिल किया जाता? एक उदाहरण लें। गोविन्द निहलानी द्वारा निर्देशित एक फिल्म है—'अर्ध सत्य।' इसका समापन इस वाक्य से होता है—'मैंने रामाशेट्टी' को मार डाला' 'रामाशेट्टी' शब्द मनुष्य रामाशेट्टी को संकेतित नहीं करता, बल्कि एक प्रत्यय उकेरता है। पर यह कहना भी कि वह मनुष्य का संकेत नहीं करता सच नहीं है। मनुष्य का संकेत करने के बाद ही वह प्रत्यय या मूल्य का संकेत करता है। शेट्टी भ्रष्टाचार का प्रत्यय है। उसे मारने का मतलब है एक मूल्य को जिन्दा करना। इस वाक्य को फिल्म के सम्पूर्ण वाक्यों के सन्दर्भ में देखना और इसे अन्य फिल्मों की संरचनाओं के साथ मिलाना संरचनावाद है। पर अन्य फिल्मों के रूपान्तरण भिन्न हैं। इस भिन्नता को मूल्यों से जोड़े बिना साहित्यिक मूल्यांकन, जो समीक्षा का अत्यन्त महत्वपूर्ण पहलू है, छूट जाता है।

अतः ऐसा प्रतीत होता है कि संरचनावाद साहित्य में यथा स्थितिवाद है जो पूँजीवादी संस्कृति के संकट में उसका सहायक बनकर आया है। एक सार्वभौम पद्धति जिसे सस्यूर लांग कहता है प्लेटो के सार्वभौम आइडिया के समान है। एककालिक (सिनक्रोनिक) अध्ययन भी साहित्य को इतिहास से काट कर अलग कर देता है। विन्यासी क्रम एककालिक अध्ययन का ही दूसरा नाम है। पैराडिग्मैटिक प्रणाली मूल पद्धति की खोज की अनिर्णीत प्रबिधि है। अपनी खामियों के बावजदू रूसी रूपवाद और नई समीक्षा हमें किन्हीं अर्थों में प्रशिक्षित करती है, किन्तु संरचना वाद तो एक चक्रव्यूह है। इसमें फँसकर समीक्षा तो मरती ही है अपने साथ साहित्यिक कृति को भी ले डूबती है।

■

डीकान्स्ट्रक्शन : अनुपस्थिति की तलाश

डीकान्स्ट्रक्शन पश्चिम की समीक्षा-प्रणाली का नवीनतम आविष्कार है। फ्रांस के दार्शनिक, भाषाविद् और आलोचक डेरिडा इसके जन्मदाता हैं। इसमें सन्देह नहीं कि उत्तर संरचनावाद का यह सर्वाधिक प्रभावशाली आन्दोलन है। अमेरिका में इसका निर्यात पहले ही हो चुका था। अब अपने देश में भी अंग्रेजी अनुवाद के माध्यम से आ पहुँचा है। यों फ्रांसीसी भाषा में अभिव्यक्त उसके विचारों को ठीक ठिकाने से अनूदित नहीं किया जा सकता है। पर दूसरे अनेक विद्वानों—हिलिस मिलर, पाल डी मैन, हार्टमैन, वगैरह—ने इसे समझने-समझाने की कोशिश की है। पर इन विद्वानों ने डेरिडा को स्पष्ट करते हुए अपने-अपने संस्थान बना लिये हैं। अत: उनके अर्थापन डीकान्स्ट्रक्शन को समझने में मदद तो कर सकते हैं, पर उनका पूरा भरोसा नहीं किया जा सकता।

डीकान्स्ट्रक्शन को लेकर बुद्धिजीवी वर्ग परस्पर विरोधी शिविरों में बँटे हुए हैं। एक शिविर के लोग समीक्षा के क्षेत्र में इसे क्रान्तिकारी कदम मानते हैं तो दूसरे शिविर के लोग इसे अर्थहीन, आतंकवादी और भयावह कह सकते हैं। जो भी हो यूरोप-अमेरिका के बुद्धिजीवी केन्द्रों में इस पर निरन्तर बहस हो रही है। हिन्दी के क्षेत्र में अभी इसका प्रवेश नहीं हुआ है, पर कल हो सकता है। किसी भी नये विचार को बिना समझे न तो ग्रहण किया जा सकता है और न छोड़ा जा सकता है—'संग्रह त्याग न बिनु पहचाने।'

सबसे पहले इसकी मूलभूत विशेषताएँ समझी जानी चाहिए। इसके अनन्तर डेरिडा द्वारा प्रयुक्त बीजशब्दों का विश्लेषण अपेक्षित है। इन बीजशब्दों की कुंजी से ही उसके द्वार उन्मुक्त किए जा सकते हैं। डेरिडा की पुस्तक 'आफ ग्रामैटोलोजी' डीकान्स्ट्रक्शन की बाइबिल है। किन्तु दुरूह शैली, नई पारिभाषिक शब्दावली और जटिल अवधारणाएँ इतनी गड्डमड्ड हैं कि उन्हें समझना थोड़ा मुश्किल है और धैर्य की अपेक्षा करता है। इन्हें समझने के पूर्व उसके व्याख्याताओं की विवेचनाओं को भी नजर अन्दाज़ नहीं करना होगा। पर ध्यान रखना होगा कि वे अपर्याप्त भी हैं और कहीं-कहीं गलत भी।

एच०एम० एब्राम का कहना है—'उसकी खोज भाषा से हट कर पाठ या टेक्स्ट पर केन्द्रित है और वह पाठ को असामान्य ढंग से संकुचित कर देता है।' वस्तुत: वह डेरिडा के सिद्धान्तों को अत्यन्त सरलीकृत ढंग से पेश करता है और उसे फ्रांसीसी संरचनावादियों की पंक्ति में खड़ा कर देता है। उसके पारिभाषिक शब्दों का लेखन, पाठ

वगैरह का अपना अर्थापन करता है। एब्राम वह कहता है जो डेरिडा नहीं है।

न्यूटन गार्वर उसे भाषा-दर्शन का विशेषज्ञ मानता है। वह तर्क के ऊपर रेहटारिक को तरजीह देता है—

"Derrida falls squarely within the movement which regards the role of the utterances of actual discourse as the essence of language and meaning and therefore regards logic as derivative from the rhetorical considerations."

अर्थात् डेरिडा सीधे उस आन्दोलन के अन्तर्गत आता है जो वास्तविक प्रोक्ति के उच्चार को भाषा का तत्व और अर्थ मानता है। अतः तर्क य न्याय (लाजिक) को रेहटारिकता (अलंकृति) से प्रसूत कहता है।

हेलिस मिलर गार्वर का समर्थक है। वह डीकान्स्ट्रक्शन को अलंकृतिमूलक अनुशासन मानता है। मरे क्रीगर के मतानुसार डेरिडा आलोचनात्मक संरचनावादी है। उसका यह भी कहना है कि डेरिडा प्लेटो के उस कथन को कि कवि मिथ्यावादी होता है नए रूप में पेश करता है। इस प्रकार के अर्थापन डेरिडा को समझने में वास्तविकता के स्थान पर भ्रमजाल की सृष्टि अधिक करते हैं।

डेरिडा को उन लोगों की श्रेणी में डालना जो उच्चार को भाषा-सार मानते और न्याय (लाजिक) को अलंकृति से प्रसूत कहते हैं, डेरिडा की असलियत के प्रति आँखें मूँदना है। यह कहना कि वह प्लेटो के उपर्युक्त कथन को नए ढंग से रखता है अंशों में ही सच है। भाषा की पारम्परिक समझ से डेरिडा सहमत नहीं है। सस्यूर के सिद्धान्तों से भी उसका मेल नहीं खाता।

भाषा की पारम्परिक समझ दो शब्दों पर आधारित है लेखन और उच्चार। इन दोनों में भी उच्चार का महत्व अधिक है। उच्चार श्रौत बिम्ब है। यह एक प्रत्यय या अवधारणा को आहूत करता है। इस प्रक्रिया में श्रौत बिम्ब क्षण भर में ही खत्म हो जाता है। सुनते-सुनते उच्चार तो नहीं रहता पर उसके द्वारा प्रस्तुत अवधारणा उभर आती है। पारिभाषिक शब्दावली में संकेतक (signifier) संकेतित (signified) का संकेत करते हुए स्वयं अनस्तित्ववान हो जाता है। उदाहरणार्थ एक शब्द को लीजिए—पंकज। बोला जाकर वह उच्चार होगा। पर बोलने की प्रक्रिया में ही उससे एक प्रत्यय का ज्ञान होता है और उच्चार मौन में बदल जाता है। 'पंकज' उच्चार है, कमल का फूल प्रत्यय है। इनमें प्रत्यय का महत्व ज्यादा है। लिखित शब्द उसके उच्चार या श्रौतबिम्ब का चित्रालेख है। यह चित्रालेख उच्चार का प्रतिनिधित्व करता है। दूसरे शब्दों में यह अदृश्य श्रौत बिम्ब की दृश्य संरचना है।

चित्रालेखवाद (graphocentrism) डेरिडा का एक महत्वपूर्ण पारिभाषिक शब्द है। उसके मतानुसार पारंपरिक उच्चारवाद बहुत कुछ अलौकिकता (metaphysics) और धर्म (religion) से सम्बद्ध है। उच्चार के महत्व को चित्रालेख पर स्थानान्तरित करके वह भाषा सम्बन्धी पारम्परिक विचारधारा को उलट देता है। पारम्परिक दृष्टि में

यदि लेखन शरीर है, उच्चार आत्मा है और अवधारणा अभौतिक यथार्थ तो डिरेडा शरीर पर जोर देता है और इस तरह पूरे तौर पर वह इहलौकिकता का स्वागत करता प्रतीत होता है।

डेरिडा सस्यूर की भाषा सम्बन्धी अवधारणा से सहमत नहीं है। सस्यूर भाषिक प्रतीक को संकेतक और संकेतित की अन्विति मानता है। संरचनावाद तो सस्यूर की भाषिक पद्धति का ऋणी है ही। उसी के आधार पर वह आलोचना को वैज्ञानिक अनुशासन का रूप देना चाहता है। डेरिडा का कहना है कि सस्यूर का सिद्धान्त-लेखन और उच्चार की पारम्परिक अवधारणा से भिन्न नहीं है। कहना न होगा कि डेरिडा इस भाषिक सिद्धान्त से अपने को अलग कर अपनी अलग पहचान बनाता है।

आधुनिक भाषिकी ने लेखन को अप्रधान मान कर कहा है कि वह उच्चार का प्रतिनिधित्व करता है। डेरिडा के मत से यह लेखन की कुत्सित अवधारणा है। इसे वह अमान्य कहकर खारिज कर देता है। उक्त धारणा के अनुसार हम कविता में अर्थ केवल अर्थ ढूँढ़ सकते हैं। वह अर्थ या अवधारणा दूसरे अर्थ और अवधारणा से सम्बद्ध होती है। इस तरह हम अर्थ की सम्पूर्णता तक पहुँचते हैं। सम्पूर्णता की अवधारणा गोलमोल और आध्यात्मिक शब्द है। डेरिडा भाषा की समझ और सम्पूर्णता को रहस्य से मुक्त करना चाहता है। ऐसा करने के लिए उसे नई पारिभाषिक शब्दावली अन्वेषित करनी पड़ी जो भाषा सम्बन्धी पुरानी मान्यता और आलोचना सम्बन्धी पुरानी अवधारणा को एक साथ ध्वस्त कर देती है। मनुष्य का दिमाग पुरानी मान्यताओं से जल्दी मुक्त नहीं होता। अत: नये भाषाविद भी पुरानी लकीर के फकीर बने हुए हैं। सस्यूर का भाषा सम्बन्धी विचार जो क्रान्तिकारी माना जाता है डेरिडा के मत में वह नई बोतल में पुरानी शराब है। डेरिडा उच्चार के महत्व का राजमुकुट लेखन को पहना देता है।

उसके सिद्धान्त की व्याख्या करने के लिए मोटे तौर पर उसके तीन पारिभाषिक शब्दों को समझना होगा—भिन्नता (difference) चिह्न (trace) और आद्य लेखन (arche writing)। मेरे ख्याल से पहले दोनों शब्दों का सम्बन्ध स्वयं साहित्यिक रचना से है और तीसरे का वास्तविक कथ्य की तलाश से।

भिन्नता का सम्बन्ध दो क्रियाओं से है—भिन्नता (difference) और विलंबन या स्थगन (differing)। भिन्नता का मतलब जो वह है वह दूसरा नहीं है। विलंबन का अर्थ है कि ऐसा कुछ जो पूरे तौर पर पाठ में नहीं है या स्थगित है। पहला दिक् में स्थित है तो दूसरा काल में। पहले को स्पेस में देखा जा सकता है किन्तु दूसरे यानी स्थगित के लिए तो कालावधि अपेक्षित है।

उदाहरण के लिए 'पंक' और 'पंकज' शब्दों को लें। दोनों के उच्चार और लेखन में भिन्नता है। जो एक है वह दूसरा नहीं है और जो दूसरा है वह पहला नहीं है। यह है भिन्नता (differing) चिह्न (sign) की दूसरी शक्ति उसके अर्थ के विलम्बन में है। किसी कविता में प्रयुक्त 'पंकज' का अर्थान्वेषण तब शुरू होता है जब हम समझ लेते हैं कि यह वह पुष्प नहीं है जिसे हम यथार्थ में देखते हैं। कविता में यह कुछ दूसरा

ही होता है। इस होने को खोजना ही आलोचना का कार्य है। अत: चिह्न का अर्द्ध भाग वह है जो वह नहीं है और आधा वह है जो वहाँ मौजूद नहीं है। सस्यूर के चिह्न का समीकरण संकेतक+संकेतित है और डेरिडा के चिह्न का समीकरण है भिन्नता+ विलम्बन या स्थगन।

चिह्न अपने आप में अपर्याप्त और अपूर्ण होता है। अपर्याप्तता और अपूर्णता की अभिव्यक्ति करने के लिए वह चिह्न में विलोपीकरण की शक्ति मानता है। उसमें कुछ विलुप्त भी रहता है। अपूर्णता और विलुप्तता को स्पष्ट करने के लिए वह शब्द को लिखकर काट देता है। जैसे 'पंकज' शब्द को लें। डीकान्स्ट्रक्शन की दृष्टि से इसे यों अभिव्यक्त किया जायेगा-पंकज। [x] वस्तुत: साहित्य में प्रयोग करते समय शब्द को काटा नहीं जाता। अपने सिद्धान्त को समझाने के लिए वह शब्द को काट देता है। कटाव लेखन में दिखाई नहीं पड़ता। वह अदृश्य रहता है। कटाव लाक्षणिक है। इससे शब्द की अपूर्णता, अपर्याप्तता और अनिश्चितता परिलक्षित होती है। कोई चिह्न न किसी शाश्वत वस्तु का संकेतक होता है और न किसी मूल्य का सूचक। चिह्न की अर्थवत्ता सन्दर्भ में निहित होती है। सभी चिह्न हमें उनकी तलाश के लिए प्रेरित करते हैं, जो वे नहीं हैं। प्रश्न होता है कि जो चिह्न में नहीं है उसकी तलाश कैसे हो? चिह्नों में भी चिह्न या निशान छूटे रहते हैं जिनके आधार पर पाठक तलाश की दिशा में उन्मुख होता है। इन निशानों को वह 'ट्रेस' कहता है। व्यापक अर्थ में वह संगीत, नृत्य, मूर्ति आदि कलाओं को भी लेखन में समेट लेता है।

अब आइए देखें कि आद्य लेखन (arche-writing) क्या है? यह चित्रालेख के रूप में भी होता है जैसे, साहित्य और अचित्रालेख के रूप में भी जैसे संगीत। पुरानी मान्यताओं के अनुसार चित्रालेख या साइन संकेतक होता है। डेरिडा के मत से वह संकेतक नहीं होता, बल्कि ऐसे चिह्नों (trace) से संपृक्त होता है जिनसे अनुपस्थित की तलाश की जाती है। इन चिह्नों से चित्रालेख में व्यापक अर्थ भर जाता है। यही पाठक या आलोचक की चेतना को गति देता है, गतिशील बनाता है। गतिशीलता की दिशा क्या है,वह हमें किस घाट लगाती है, इससे इसको कुछ लेना-देना नहीं। उदाहरण के लिए 'मोनालिसा' को ही लें। बाह्यत: वह जो है वह वह नहीं है। इसमें कुछ अनुपस्थित हैं जिसे अन्वेषित करना होगा, पर उसमें कुछ अदृश्य चिह्न या ट्रेस हैं जिनके आधार पर वह जो नहीं है उसकी तलाश की जाती है।

भाषा के बारे में उसका मत ज्ञात होने पर आलोचना सम्बन्धी बहुत सारे सवालों के उत्तरों की सुराग मिल जाती है। आलोचना क्या है? इसके उत्तर में कहा; जा सकता है कि आलोचना लेखन का वह रूप है जो कविता, कहानी, उपन्यास आदि की संरचना में बिखरे हुए चिह्नों की तलाश और संबद्ध साहित्य में अनुपस्थित भावों, विचारों आदि का उद्घाटन करती है। ये चिह्न प्रेत-छाया की तरह अदृश्य रहते हैं पर उसके कुछ न कुछ चिह्न सतह पर भी होते हैं। आलोचना की शुरुआत इन्हीं चिह्नों की तलाश से होती है आलोचक का कार्य सन्देह से आरम्भ होता है। वह कविता, कहानी, उपन्यास नाटक

आदि पढ़ता है देखता है। उसे इसका पूरा यकीन है कि जो दिखाई पड़ता है वह कुछ अन्य है। हम जो पढ़ते या देखते हैं उनमें कुछ महत्त्वपूर्ण चीजें अनुपस्थित हैं। आलोचना इन्हीं का अन्वेषण है। अनुपस्थित लेखन ही आद्य लेखन (arche writing) है साहित्य आद्य लेखन की अभिव्यक्ति है। यह साहित्य की संरचना में निहित कुछ निशानों में होता है। ये निशान पद्-चिह्नों की तरह पड़े रहते हैं। वह कौन है जो इतने पद् चिह्नों को छोड़ गया है? वह अनुपस्थित है। ये निशान उसकी स्मृति ताजा करते हैं।

पारम्परिक आलोचना पर दोषारोपण करते हुए डेरिडा कहता है कि उसमें कविता का अर्थ ढूँढ़ा जाता है। अर्थ एक अवधारणा है जो अन्य अवधारणाओं से सम्बद्ध है। ये अवधारणाएँ एक अलौकिक या अतीन्द्रिय सत्ता में विलीनीभूत हो जाती हैं। आध्यात्मिकता इसकी शरणगाह है। संरचनावाद भी इससे मुक्त नहीं है। संरचनावाद एक पद्धति है और उसका एक केन्द्र होता है। पद्धति मूलक होने के कारण हर चीज़ उसमें ढाल ली जाती है या समझ ली जाती है अथवा समझने के योग्य होती है। डीकान्स्ट्रक्शन सत्ता, सत्य और पद्धति को एक छद्म मानता है।

डीकान्स्ट्रक्शन आलोचना का कोई माडेल नहीं प्रस्तुत करता। वह हर प्रकार के माडेल का विरोधी है—माडेल चाहे समाजशास्त्रीय हो, ऐतिहासिक हो अथवा भाषिक हो। वह सभी तरह के माडलों को ढहा करके भी अपना कोई माडल नहीं खड़ा करता। अत: इसे ध्वंसवादी, अव्यवस्थावादी या अराजकतावादी की संज्ञा दी जा सकती है। संरचनावाद का तो यह कट्टर दुश्मन है।

संरचनावादियों की तरह, जैसा कहा जा चुका है, उसका किसी पद्धति में विश्वास नहीं है। संरचना में एक व्यवस्था देने का प्रयास निहित है। अव्यवस्था की अपेक्षा व्यवस्था बेहतर है। डीकान्स्ट्रक्शन इसे भ्रम या धोखा कहता है, पर व्यवस्था का भ्रम भी अव्यवस्था से अच्छा है। मानवीय दिमाग, साहित्य आदि गम्भीर रूप से जटिल है। पर संरचनावादियों के पास इस जटिलता को सुलझाने की कुंजी है, पद्धति है। पर डीकान्स्ट्रक्शन में तो पद्धति को आँख मूँद कर खारिज कर दिया गया है। उसका कहना है कि मानवी चेतना और चिह्न का सम्बन्ध इतना जटिल है कि उसे आसानी से किसी पद्धति के आधार पर नहीं सुलझाया जा सकता है। अत: भाषा की समस्या पर नये सिरे से अपारम्परिक ढंग से सोचना जरूरी हो गया है। भाषिकी इसकी प्रकृति के प्रतिकूल है।

अन्ततोगत्वा वह बतलाता है कि आलोचक का कर्म उस खोई हुई वस्तु की तलाश है जो दृश्य चिह्न में तो नहीं है पर उसके कुछ निशान मौजूद हैं। इस खोई हुई वस्तु को वह आद्य लेखन कहता है। यह आद्य लेखन युंग का आदिम बिम्ब ही है जो उसकी परिभाषा में आदिम सामूहिक चेतना कहलाता है। साहित्य की शक्ति न भाषा में है और न भाषा की पद्धति में। वह उस वस्तु में है जो अदृश्य और अनुपस्थित है।

वस्तुत: डेरिडा का डीकान्स्ट्रक्शन अपने आप में काफी आतंकवादी है। इसमें सन्देह नहीं कि उसका सोच नये ढंग का है, पर उसकी पारिभाषिक शब्दावली अस्पष्ट और उलझी हुई है किन्तु उनके आधार पर वह जिस निष्कर्ष पर पहुँचता है वह कितना विश्वसनीय और नया है! पद्धति को नकार कर वह बुर्जुवा उदारवाद का इस अर्थ में साथ देता है कि वह उदारता और स्वतन्त्रता का पक्षधर है, लेकिन बुर्जुवा उदारवाद तथा डेरिडा के उदारवाद तथा स्वतन्त्रता की चाह में अन्तर है। बुर्जुवा उदारवाद मानवीय है तो डेरिडा का उदारवाद मूल्य-शून्य अमानवीय।

वह पद्धति रूपी मूर्तियों का मुहम्मद गजनवी है पर साहित्य की समझदारी के लिए उसने लेखन और निशान का जो उल्लेख किया है वह महत्वपूर्ण है, किन्तु पाठ का अध्ययन ऐसी बात नहीं है जो डेरिडा का आविष्कार है। पाठ पर नई समीक्षा और संरचनावादियों ने समान रूप से बल दिया है। शब्दों का संदर्भण तो और भी पुराना है। कुंतक 'बंधे व्यवस्थितौ' कहकर पाठ या टेक्स्ट पर ही जोर देता है। लेखन पर जोर देने पर भी उच्चार का महत्व कम नहीं हो जाता। कविता का रहस्य बहुत कुछ पढ़ने की कला पर निर्भर करता है। निराला इसके समर्थक थे। उच्चार को अलग कर देने या गौण मान लेने पर निराला के काव्य का अर्थ उभर कर सामने नहीं आयेगा।

निशान, पदचिह्न या ट्रेस कुछ है जिससे अनुपस्थित तक पहुँचा जाता है। वह कहता है कि काव्य में भाषा का नहीं निशान या ट्रेस तथा अनुपस्थित का महत्व है। पूछा जा सकता है कि स्वयं में काव्यगत पदचिह्न या ट्रेस क्या है तो कुछ उत्तर नहीं मिलता। आखिरकार रेत पर पड़े पदचिह्नों की तरह भाषागत ट्रेस को न तो देखा जा सकता है और न समझा जा सकता है। तब उसकी पहचान कैसे की जाए। भारतीय काव्यशास्त्र में लक्षणा और व्यंजना का विस्तृत वर्णन किया गया है। सच पूछा जाये तो ट्रेस वक्रोक्ति में निहित होता है। कवि को इसी के लिए प्रयत्नशील होना चाहिए। डेरिडा तो अन्य लोगों की तरह 'मौन अन्तराल' आदि की भी चर्चा नहीं करता। 'मौन' और 'अन्तराल' आदि ट्रेस ही है। वास्तविकता तो यह है कि इन सभी वस्तुओं को लक्षणा-व्यंजना में अन्तर्भुक्त किया जा सकता है। ट्रेस को अदृश्य प्रेत-छाया कहना कुछ भी संकेतित नहीं करता।

इसी के सहारे चिह्न (sign) समस्या भी हल हो जाती है। डेरिडा कहता है कि लिखित 'कमल' शब्द वह नहीं है जो पुष्प है। पाठ में आकर वह प्रत्यय हो जाता है, किन्तु प्रत्यय होकर भी वह जीवन और जगत में पाये जाने वाले कमल के गुण धर्म को सर्वथा तिरोहित नहीं करता। लक्षण में भी अभिधार्थ सर्वथा तिरोहित नहीं होता दूसरे अर्थ में छलांग लगाकर भी पहले अर्थ से मुक्त नहीं हो पाता। अत: डेरिडा का कथन बहुत संगत नहीं प्रतीत होता। अन्य भाषाविदों की तरह वह भी साहित्य को इतिहास से काट कर एक भटकाव की सृष्टि करता है।

'अनुपस्थित' को वह आद्यलेखन कहता है। पहले ही कहा जा चुका है कि यह युंग का आद्यबिम्ब है। आद्यबिम्ब आदिम मनुष्य के दिमाग में बने हुए सामूहिक बिम्ब

हैं जो किसी रूप में अब भी मनुष्य के भीतर मौजूद हैं। यदि आद्यबिम्ब ही साहित्य का प्रतिपाद्य है तो उसकी सीमा छोटी और संकुचित हो जाती है। शुद्ध अनुभूति को छोड़ कर साहित्य में विचार तथा अवधारणा के लिए कोई जगह नहीं बचती। आद्यलेखन या आद्यबिम्ब की कसौटी पर कितने साहित्य को खरा उतारा जा सकता है? वाल्मीकि, तुलसीदास, तालस्ताय, टामसंमान, काफ्का के लिए यह कसौटी किसी काम की नहीं है। इस जीवन और जगत के जाने कितने आयाम हैं। साहित्य अपनी व्यापकता में इनमें से किसी एक अथवा अनेक को समेट लेता है।

जिस 'अनुपस्थित' का उल्लेख वह करता है वह केवल आद्यलेखन ही नहीं है। अनुपस्थित जीवन और जगत में चारों ओर बिखरा रहता है। जीवन में भी काव्य की तरह से ही वह बहुत कुछ अदृश्य रहता है पर उनके 'ट्रेस' भी जीवन में रहते हैं। उसे पकड़ कर ही अनुपस्थित की वास्तविकता तक पहुँचा जा सकता है। भाषा में 'ट्रेस' जैसा कि डेरिडा कहता है भूत की छाया नहीं होता। वह भाषा से अलग नहीं है। अत: भाषा के महत्त्व को नकारना अमहत्त्वपूर्ण है। ट्रेस का महत्व भाषा के महत्व से अलग नहीं है। इसलिए ट्रेस का सिद्धान्त नया तो नहीं है पर चौंकाने वाला जरूर है।

उसका सिद्धान्त उस घने जंगल की तरह है जिसमें कोई रास्ता नहीं है। रास्ता चलने वाला स्वयं अपना रास्ता बनायेगा उत्तर , दक्षिण, पूर्व, पश्चिम वह कहीं भी जा सकता हैं। डीकान्स्ट्रक्शन जंगल के भीतर से जंगल के पार उस निचाट भूमि तक पहुँचना है जो अनुपस्थित है।

■

साहित्य के समाजशास्त्र की वास्तविकता

चूँकि समाजशास्त्र आधुनिक युग का नया विषय है, मार्क्सवादी विचारधारा के कारण इस पर और जोर दिया जाने लगा, इसलिए साहित्य का समाजशास्त्रीय अध्ययन भी आवश्यक हो गया। किन्तु ध्यान रखना होगा कि साहित्यिक अध्ययन या आलोचना के लिए यह एकमात्र प्रणाली नहीं है। इस पद्धति को आधार बना कर भी स्व-विवेक की अपेक्षा है। काव्य और समाज के संबंधों पर पश्चिम में ही विचार नहीं हुआ है भारत में भी, विस्तार से न सही, इसकी ओर आचार्यों का ध्यान गया है—विशेष रूप से राजशेखर का। उसके 'प्रतिभास-निबन्धन' की व्याख्या करते हुए गणेश त्र्यंबक देशपांडे ने लिखा है—"वस्तु का यह प्रतिभास अथवा प्रतीति वस्तु से तादात्म्य संबंधबद्ध नहीं होती। इसका अर्थ यह नहीं होता कि वह प्रतीति असत्य होती है। कवि की यह प्रतीति लोकव्यवहार से अथवा लोकानुभव से संवादी होती है। अत: उसमें सत्यता भी होती है। राजशेखर ने यहाँ शास्त्रीय प्रत्यक्ष में भेद ठीक-ठीक दर्शाया है। काव्य में वर्णन प्रतिभास निबंधन होने से कल्पित होता है एवं सत्य स्वरूप निबंधन होने से कल्पनापोढ़ होता है।"

शास्त्र और काव्य की सत्ताएँ अलग-अलग हैं। विश्व में जैसा विषय होता है शास्त्र उसका वैसा ही स्वरूप-विवेचन करता है। इसमें कल्पना नहीं होती, तर्क होता है, मीमांसा होती है। काव्य में विषय का निबंधन कल्पना-जन्य होता है। इसलिए उसका रूपान्तरण हो जाता है। कवि के कल्पनालोक में जैसा प्रतीत हुआ वैसा ही उसने चित्रण किया। वाल्मीकि आकाश को 'नीलोत्पलद्युति' कहते हैं। यह आकाश का प्रतिभास है, बिंब है। कवि वर्णित सत्य और विषयगत सत्य में तादात्म्य न होकर संवाद होता है। आज के समाजशास्त्रीय अध्ययन में काव्य की संरचना और सत्य तथा समाज की संरचना और सत्य के बीच संवाद (करेस्पांडेंस) ढूँढ़ा जाता है।

'निरंकुश कवय:' की उक्ति कविता के संबंध में एक सीमा तक उचित ठहराई जा सकती है, नाटक और कथा-साहित्य में लेखक की स्वतंत्रता सीमित हो जाती है। नाट्य को भरत ने लोकानुवर्तन कहा है। यदि नाट्य लोकानुवर्तन है तो उसकी मूलाधार नाट्य कृति को भी लोक पर आधारित होना होगा। किन्तु वास्तविकता तो यह है कि समाजशास्त्रीय अध्ययन का मूलाधार उपन्यास है। यह औद्योगिक समाज का उत्पादन है। इस समाज की जटिलताओं और बनते-बिगड़ते रिश्तों अथवा अ-रिश्तों को उपन्यास सर्वाधिक सफलतापूर्वक व्यक्त कर सकता है और कर रहा है। पश्चिम में तो साहित्यिक आलोचना बहुत कुछ उपन्यासों पर केन्द्रित हो गई है। किन्तु हिन्दी में

यहाँ तक पहुँचने में अभी देर है। समाजशास्त्री की तरह रूपवादी का मुख्य विवेच्य उपन्यास ही है।

सन् 1941 में मिखाइल बाख्तिन ने लिखा था कि उपन्यास एक निरंतर परिवर्तनशील युवा विकसनशील विधा है। साहित्यिक विकास के नाटक में उपन्यास अग्रगामी नायक है। आज की बनती हुई दुनिया की प्रवृत्तियों को यह सर्वोत्तम ढंग से व्यक्त करता हे। यह इसी दुनिया का उत्पादन है और इसी से मिलता-जुलता है। इस काल में उपन्यास विगत के नैरन्तर्य को लेते हुए भविष्योन्मुख हो उठा है। यह वर्तमान से तो जुड़ा है ही निष्कर्षहीन खुलापन लिये हुए है।

पश्चिम के अनेक विचारकों ने साहित्य के समाजशात्र पर अपने-अपने ढंग से अपने मत व्यक्त किए हैं। इनमें लूकाच, एस्कारपिट, लूसिएँ गोल्डमान, रेमंड विलियन्स, रोलॉ, बार्थ, सार्त्र, करमोड आदि प्रमुख हैं। मार्क्सवादियों का समाजशास्त्र इनसे भिन्न है। पर उत्तर-आधुनिकतावाद काल में इन समाजशास्त्रियों के मतों पर पुनर्विचार की आवश्यकता है। साहित्य और समाज के रिश्ते को, कंपोजीशनवादियों (जो साहित्य को केवल एक संरचना या कंपोजीशन मानते हैं) को छोड़कर, कोई अस्वीकार नहीं करता। किन्तु साहित्यिक संरचना और सामाजिक संरचना के संवाद के स्वरूप को लेकर मतभेद है।

राबर्ट मूसिल का एक प्रसिद्ध उपन्यास है 'दी मैन विदाउट क्वालिटीज।' उसमें उसने लिखा है कि इसमें यथार्थ से प्रतिस्पर्द्धा करने का कोई गंभीर प्रयास नहीं किया गया है। मूसिल कहता है कि कितना अच्छा होता यदि मनुष्य अपनी जिन्दगी को उस क्रम में पाता जो क्रम कथा में दिखाई पड़ता है। यानी जब ऐसा हुआ तब ऐसा हुआ। मूलिस के नायक में इस प्रकार का कोई कथाक्रम नहीं है। 'मैन विदाउट क्वालिटीज' की संरचना भी बहुआयामी, टूटी हुई क्रमिकता और अन्त की अनिश्चयता लिए हुए है। मूलिस की रचना या संरचना और संवेदना से तालमेल बैठाया जा सकता है। स्काट के उपन्यासों से मूलिस के उपन्यास भिन्न हैं।

हिन्दी में प्रेमचन्द और अज्ञेय के उपन्यासों का तुलनात्मक अध्ययन रोचक है। प्रेमचन्द के उपन्यासों में एक कमबद्ध कथा, संरचना में कहीं तोड़-फोड़ नहीं है। घटनाएँ एक एक धागे में गुथी हुई कड़ियों की तरह सजी हुई हैं। उनमें कार्य-कारण का एक संबंध है, एक निश्चित सुनियोजित अंत है। उनके उपन्यास बहुआयामी नहीं हैं, एक रेखीय हैं। मोटे तौर पर तत्कालीन समाज के एक आयाम के साथ ही उसका संवाद होता है। समाज अपनी संपूर्णता में उनमें नहीं व्यक्त होता। उपन्यासों की भी तो अपनी सीमाएँ होती हैं।

अज्ञेय के उपन्यास मुख्यत: 'शेखर : एक जीवनी' अलग किस्मं का उपन्यास है। उसकी संवेदना भी तथाकथित मान्यताओं को ध्वस्त करती है और प्रेमचंदीय उपन्यास

के सुनिर्मित ढाँचे को भी। सब कुछ टूटा-टूटा सा है। खुला हुआ अनिश्चित अंत। यह एक दूसरे सामाजिक वर्ग का उपन्यास है—छोटे से बुद्धिजीवी और अराजकतावादी वर्ग का। समाजशास्त्रीय दृष्टि से विचार करने पर अनेक उलझनपूर्ण समस्याएँ उठती हैं। समाजशास्त्रीय अध्यन उन्हें सुलझा सकता है? इधर के उपन्यासों की भी समस्याएँ हैं।

इस अध्ययन में थोड़ी बहुत सहायता लूसिएँ गोल्डमान से जरूर मिलती है, किन्तु उसके सामने भी कम प्रश्नचिह्न नहीं लगाए जा सकते। गोल्डमान एलथ्यूसर और लूकाच से प्रभावित थे। कट्टर मार्क्सवादियों ने उनका उसी तरह विरोध किया जिस प्रकार फ्रैंकफर्ट स्कूल के विचारकों, (एडोर्नो, हार्कहइमर, मारकूर्जे आदि) का किया। पर इनमें से सभी लोग अपने को मार्क्सवादी ही मानते हैं। व्यापक अर्थ में वे हैं भी। यह सही है कि उन्होंने साहित्य की कला या रूप पक्ष पर ध्यान नहीं दिया। इससे उनका आकलन एकांगी हो जाता है।

एक एकांगीपन रूपवादियों में भी था। वे केवल साहित्य में निहित विधियों, नियमों तक ही अपने को सीमित रखते हैं। स्कोलेव्सकी तो यहाँ तक लिखते हैं कि मेरा काम सूत को गिनना और बुनावट की तकनीक को जानना है, न कि रूई के बाजार की स्थितियों पर विचार करना है। सन् 1925 ई० के बाद उसने अपनी मान्यताओं में परिवर्तन किया, एक नया फार्मूला निकाला। इसका नाम था रूपोसामाजिक (फार्मोसोयियोलाजिकल) इसमें रूपवाद की पुरानी तकनीकें तो ज्यों की त्यों स्वीकार्य थीं। इसके साथ ही समसामयिक समस्याओं और भौतिक जीवन का विवेचन भी आवश्यक मान लिया गया। यह थोड़ा-बहुत मायकोवेस्की के तथ्यानुसारी साहित्य (फैक्टोग्रैफिक लिटरेचर) के आसपास पड़ता है।

एकेनबाम ने एक दूसरा फार्मूला दिया—साहित्यिक रीति (लिटरेरी मोरस) जिसमें साहित्य और समाज का सह-सम्बन्ध स्थापित किया गया। उसने मार्क्सवादियों की तरह समाज को साहित्य पर प्रक्षेपित किया।

बारिब्रन स्कूल के दो रूपवादियों—मेदवेरेव और वोलोशिवेव—ने साहित्यको विचारधारा से जोड़ा। यह विचारधारा मार्क्सवादी विचारधारा थी (स्टालिनवादी मार्क्सवादी विचारधारा नहीं)। उन्होंने भाषिकी और साहित्य को जोड़ते हुए अपने साहित्यशास्त्र को समाजशास्त्रीय साहित्यशास्त्र कहा। साहित्य को एक ऐसी चिह्न-पद्धति (साइन सिस्टम) के रूप में रखा गया जिसे नए मार्क्सवादी सिद्धांतों द्वारा विवेचित किया जा सके। इस सिद्धांत पर निरंतर विचार की जरूरत है।

लूसिएँ गोल्डमान, जैसा पहले कहा जा चुका है, साहित्य के रूप पर विचार नहीं करता। भाषा के बारे में कुछ प्रारंभिक बातें उठी हैं। वह कहता है कि साहित्य, कला, दर्शन और सारतः भाषा है। इनके माध्यम से मनुष्य एक दूसरे के भावों और विचारों का विनिमय करता है। व्यक्ति समसामयिक भी हो सकते हैं, भावी पाठक भी हो सकते

हैं, ईश्वर भी हो सकता है। वह विचार विनिमय के अन्य प्रकारों से साहित्य और कला का स्वरूप भिन्न होता है। इनमें सब कुछ कहा नहीं जाता—कुछ अनकहा रह जाता है। यह उसकी संरचना का अंग है। इसके आगे भाषा के बारे में कुछ नहीं कहा गया है। किन्तु यह बताया गया है कि यद्यपि कृति व्यक्ति विशेष द्वारा रची जाती है पर उस रचना के मूल में उसकी विश्वदृष्टि होती है—यह अनुभव की गई विश्वदृष्टि है। अनुभूत, विश्वदृष्टि और बाहर के विश्व-प्रपंच में तारतम्य ढूँढ़ना आलोचक का काम है। जहाँ रचना की आन्तरिकता और प्रपंच में संगति या संवाद नहीं है, वहाँ रचना घटिया दर्जे की होगी।

टाइने नामक एक विचारक ने साहित्यिक कृति की व्याख्या के लिए लेखक की जीवनी और परिवेश का अध्ययन आवश्यक माना है। टाइने के अतिरिक्त एक वर्ग ऐसा है जो साहित्य की व्याख्या के लिए इन्हीं दोनों पक्षों पर जोर देता है। मनोवैज्ञानिक आलोचना तो पूर्णत: लेखक की जीवनी पर आधारित होती है। वह लेखक की जीवनगत संगतियों-असंगतियों और रचनागत संगतियों--विसंगतियों में संगति बैठाया करता है। यह सही है कि साहित्यिक कृतियाँ किसी सीमा तक आत्मचरितात्मक होती हैं। किन्तु अनेक प्रकार के सामाजिक-सांस्कृतिक सरोकारों के कारण उसकी वैयक्तिकता का निरसन हो जाता है। इन सरोकारों से लेखक का संबंध बड़ा ही जटिल और अप्रत्यक्ष होता है। किसी यांत्रिक समाजशास्त्र द्वारा साहित्य की व्याख्या संभव नहीं है। गोल्डमान का जोर विश्वदृष्टि पर है, विश्वदृष्टि वैयक्तिक नहीं सामाजिक होती है।

किन्तु व्यक्तिगत जीवनी की उपयोगिता उसे पूर्णत: अस्वीकार्य नहीं है। वह लिखता है—''जीवनी की प्रासंगिकता विचारणीय हो सकती है। पर इसे सावधानी से पढ़ना चाहिए। उससे कुछ सूचनाएँ और लेखकीय मान्यताएँ मिल सकती हैं। किन्तु उसे नहीं भूलना चाहिए कि जब उसका सरोकार गहरे विश्लेषण से हो तब जीवनी व्याख्या का आंशिक तथा गौण स्तर होगी। आधारभूत स्तर हैं कृतियों तथा सामाजिक वर्गों में मेल खाती विश्वदृष्टियों के बीच की संबंध-भावना।'' आगे व्यक्ति के संबंध में पुन: विचार करते हुए वह लिखता है—''लेकिन इनसे कहीं ज्यादा जटिल है। समूचे सामाजिक जीवन में उसकी भूमिकाएँ कहीं ज्यादा भिन्न हैं, उसके विचारों और आर्थिक यथार्थ के बीच मध्यस्थ कारक ज्यादा भी हैं और विविध भी हैं तथा उसे किसी भी यांत्रिक और सरलीकृत समाजशास्त्र के दिवालिया साँचे में नहीं बैठाया जा सकता।

जीवनी से प्राप्त सूचनाओं और लेखकीय टिप्पणियों से प्राप्त मान्यताओं के खतरे से वह पूर्णत: सचेत है। आजकल हिन्दी की समीक्षाओं में पुस्तक के क्लैप, लेखक की जीवनी, पुस्तक की भूमिका, निबंध आदि का खूब उपयोग किया जा रहा है। विवेच्य पुस्तक पर प्राय: उन्हें आरोपित कर दिया जाता है और विवेच्य की विवेचना धरी की

धरी रह जाती है। यह अति सरलीकरण का मार्ग है और गलत है।

उसका बल इस बात पर है कि कृति और जिस काल में वह लिखी गई है उस काल के सामाजिक वर्गों के बीच संबध-सूत्र खोजना चाहिए। किन्तु यह सह-संबंध कैसे खोजा जाय इस पर अच्छा प्रकाश नहीं डालता। लेकिन इस ओर वह संकेत जरूर करता है—

''...यह आवश्यक है कि कृति की सार्थकता को उसकी अपनी पदावली में समझा जाए तथा इसे सौन्दर्यशास्त्री तरीके से व्यक्तियों और वस्तुओं के एक ठोस संसार के रूप में देखा जाय जिसके द्वारा वह लेखक हमसे बात करता है जिसने इसे रचा है।''

वास्तविकता तो यह है कि लेखक का रचना-संसार वही नहीं होता जो वह सोचता है, देखता है या अनुभव करता है। रचना-प्रक्रिया में ढल कर उसकी सोच बदल जाती है। लेखक की सोच और रचना-संसार की सोच का अन्तर आलोचना का कर्म है। इस सिलसिले में बाल्जक का उदाहरण दिया जाता है। बाल्जक प्रतिक्रियावादी और राजतंत्रवादी था। पर उसने बड़ी कुशलता से राजतंत्र और अभिजात-वर्ग के शोषण और अत्याचार का पर्दाफाश किया है। लेकिन सब समय ऐसा नहीं होता। इलिएट की सोच और रचनागत सोच में मूलभूत अन्तर नहीं मिलेगा। हिन्द के कवि निराला और मुक्तिबोध में भी व्यक्तिगत संसार और रचनागत संसार में ऐसा पार्थक्य नहीं मिलेगा कि उनमें कोई तालमेल ही न बैठे। किन्तु व्यक्तिगत संसार बिलकुल निजी संसार नहीं होता। निजी संसार समाज के संघर्षों की रगड़ में बहुत कुछ निर्वैक्तिक हो जाता है। निराला के काव्य में वैयक्तिकता से निर्वैक्तिकता की यात्रा अभिव्यक्त हुई है। वैयक्तिकता और निर्वैयक्तिकता की रगड़ से ही आधुनिक काव्य में चमक पैदा होती है। अपने ढंग से गोल्डमान भी इसका समर्थन करता है। पर गोल्डमान और निराला दोनों का जोर निर्वैयक्तिकता पर ही है।

मुक्तिबोध के अपने वर्गान्तरण का संघर्ष सामाजिक वर्गान्तरण में बदल गया है। किन्तु अन्तरण की कशमकश से ही उसकी कविता बनती है। समाजशास्त्रीय दृष्टि से विचार करने पर दोनों के ऐस्थेंटिक्स सामाजिक सरोकारों का अन्तर स्पष्ट हो जायेगा। मुक्तिबोध ऐतिहासिक भौतिकवाद और द्वन्द्वात्मक भौतिकवाद के साँचे को लेकर चलते हैं। उनका अन्तर्विरोध यह है कि वे अपने विचारों में सापेक्षिक स्वतंत्रता का उपयोग करते हैं, किन्तु कविता में वह स्वायत्तता नहीं रह पाती। निराला का सामाजिक सरोकार इकहरा नहीं है, वह बहुरूपात्मक और जटिल है। इसे विश्लेषित करने के लिए समाजशास्त्रीय औजार पर्याप्त नहीं है।

क्लासिकल साहित्य के समाजशास्त्रीय मूल्यांकन की भी समस्या है। डॉ० रामविलास शर्मा ने एक सीमा तक इस पर विचार किया है। वे 'परंपरा का मूल्यांकन' में लिखते हैं—''साहित्य की परंपरा का मूल्यांकन करते हुए सबसे पहले हम उस

साहित्य का मूल्य निर्धारित करते हैं जो शोषक वर्गों के विरुद्ध श्रमिक जनता के हितों को प्रतिबिंबित करता है। इसके साथ ही हम उस साहित्य पर ध्यान देते हैं जिसकी रचना का आधार शोषित जनता का श्रम है और यह देखने का प्रयत्न करते हैं कि वह वर्तमान काल में जनता के लिए कहाँ तक उपयोगी है और उसका उपयोग किस प्रकार हो सकता है। इसके अलावा जो साहित्य सीधे संपत्तिशाली वर्गों की देखरेख में रचा गया है उसके वर्गहितों को प्रतिबिंबित करता है, उसे भी परख कर देखना चाहिए कि वह अभ्युदयशील वर्ग का साहित्य है या ह्रासमान वर्ग का।''

कविता में जो स्थान सपाटबयानी का है वही स्थान आलोचना में वर्ग-आधारित आलोचना का। प्राचीन साहित्य में वर्ग-आधार बहुत स्पष्ट नहीं रहता। फिर भी उसे स्पष्ट करने के लिए ऐतिहासिक भौतिकवाद सहायक सिद्ध होता है। वर्गवाद की अवधारणा पूँजीवादी परिवेश की उपज है। पर पुराने साहित्य को आसानी से सामंतवादी परिवेश के परिप्रेक्ष्य को मूल्यांकित किया जा सकता है और किया भी गया है। इस कसौटी पर कालिदास, भवभूति, तुलसीदास आदि को कसने की कोशिश की गई है किन्तु उससे न काव्यों की संरचना पर प्रकाश पड़ा है और न भावसत्ता पर।

एक दूसरे स्थान पर उन्होंने फिर लिखा है—''साहित्य मनुष्य के समूचे जीवन से संबद्ध है। आर्थिक जीवन के अलावा मनुष्य एक प्राणी के रूप में भी अपना जीवन बिताता है। साहित्य में उसकी बहुत-सी आदिम भावनाएँ प्रतिफलित होती हैं, जो उसे प्राणिमात्र से जोड़ती हैं। इस बात को बार-बार कहने से कोई हानि नहीं है कि साहित्य विचारधारा मात्र नहीं है। उसमें मनुष्य का इन्द्रियबोध, उसकी भावनाएँ, आन्तरिक प्रेरणाएँ भी व्यंजित होती हैं। साहित्य का यह पक्ष अपेक्षया स्थायी होता है।'' सवाल उठता है कि साहित्य का मूल्यांकन उसके स्थायी पक्ष के आधार पर होगा या अस्थायी पक्ष के आधार पर? या दोनों पक्षों के आधार पर? समाजशास्त्र एक पद्धति है—समग्र पद्धति नहीं।

'गोदान' का उदाहरण लें। यह सही है कि इतिहास के एक विशेष बिन्दु पर खेतिहर किसान भूमिहीन मजदूर में बदल जाता है। समाजशास्त्रीय आलोचना गोदान की अन्तर्वस्तु और सामाजिक संरचना को संवाद की स्थिति में रख देती है। इस संदर्भ में वह दोनों के अन्तर्विरोधों को भी उद्घाटित करती है। पर क्या गोदान का संसार इतने में अँट जाता है? क्या समाजशास्त्रीय आलोचना उसके लिए छोटी नहीं पड़ती? अन्तर्मन के घाव, नई-पुरानी आस्था को उसमें समेटा नहीं जा सकता। स्वयं होरी के मन में गो-दान की धार्मिक ललक उस दायरे में बँध पाती है?

इधर उत्तर शब्द को जोड़कर नई-नई अवधारणाओं का उदय हुआ है जैसे, उत्तर-औपनिवेशिकता, उत्तर औद्योगिकी, उत्तर संरचनावाद आदि। इन सबमें सबसे महत्त्वपूर्ण अवधारणा उत्तर आधुनिकतावाद है। अन्य बहुत सी अवधारणाओं की तरह उत्तर आधुनिकतावाद भी पश्चिम की देन है। इसके मूल में भी पूँजीवाद का सबसे बाद

का माहौल है। पश्चिम के सांस्कृतिक संकट और आत्यंतिक उपभोक्तवाद के परिवेश में इसका पैदा होना स्वाभाविक है। किन्तु इसका आतंक तीसरी दुनिया पर भी कम नहीं है। ऐसी स्थिति में साहित्य और कला के अस्तित्व के सामने प्रश्नचिह्न लग गया है। समीक्षा और भी असहाय दिखाई पड़ रही है, किन्तु उत्तर-आधुनिकतावादी साहित्य की गतिविधि को देखते हुए समीक्षा का दायित्व और भी बढ़ गया है।

समीक्षा के क्षेत्र में समग्रता (टोटैलिटी) को खूब उछाला गया। उत्तर-आधुनिकतावाद ने इसे बुरी तरह अस्वीकार कर दिया। समग्रतावाद केन्द्रीकरण की साम्राज्यवादी प्रवृत्ति है—पूँजीवाद की संप्रभुता की देन। आधुनिकतावाद की मान्यताएँ—स्वायत्तता, स्वतंत्रता, वैयक्तिकता, यूनीकनेसी, अद्वितीयता आदि भी इसे अग्राह्य है। उसकी दृष्टि में न स्वायत्तता रह गई है न यूनीकनेस। अब उन्हें विश्वविद्यालयों, अकादमियों के प्रकोष्ठों और कलादीर्घाओं, संग्रहालयों को सौंप दिया गया है। उत्तर आधुनिकतावाद ज्वायस, प्रूस्त, मन, इलियट की मजबूत व्यवस्था को तोड़ता है, नया गढ़ता है। आधुनिकतावाद एक दृढ़ व्यवस्था है तो उत्तर आधुनिकतावाद अव्यवस्था की व्यवस्था।

उच्च संस्कृति और मास संस्कृति के बीच की विभाजक रेखा को इसने मिटा दिया है। गंभीर साहित्य (यदि साहित्य को गंभीर कहा जाय) का स्थान हत्या-आख्यान, सेक्स कथा, रहस्योख्यान, रीडर्स डाइजेस्ट, सस्ता लेखन, ब्लू फिल्म, टी० वी० सीरियल आदि लेता जा रहा है। उत्तर आधुनिकतावादियों का कहना है कि आधुनिकतावादी साहित्य एलीट साहित्य है, न्यस्त स्वार्थ का साहित्य है। एलीट संस्कृति बुर्जुआ वर्ग की संस्कृति है जो फिलीस्तीन संस्कृति को हेठी की दृष्टि से देखती है। फिलीस्तीन संस्कृति का साहित्य सामान्य वर्ग का साहित्य है। भूमंडलीकरण, उदारतावाद, क्षेत्रीयतावाद, बहुराष्ट्रीय कंपनियाँ, कम्प्यूटरीकरण, संचार माध्यम, उपभोक्तावाद आदि महाबली सहस्रार्जुन उत्तर-आधुनिकतावाद की भुजाएँ हैं। कुछ मार्क्सवादी इसका स्वागत करते हैं, अधिकांश विरोध।

इस प्रकार के कला और साहित्य के अध्ययन में प्रगतिशील समाजशास्त्रीय अध्ययन के लिए पूरा अवकाश है। दूसरे शब्दों में यह भी कहा जा सकता है कि उसके अभाव में इस साहित्य के अध्ययन की शुरुआत नहीं हो सकती। किन्तु यही सब कुछ नहीं है। गोल्डमान लिखता है—

"समाजशास्त्रीय व्याख्या किसी कलाकृति के विश्लेषण के सबसे अधिक महत्त्वपूर्ण तत्त्वों में से एक है और जिस सीमा तक द्वन्द्वात्मक भौतिकवाद एक कालखण्ड की ऐतिहासिक तथा सामाजिक प्रक्रिया की संपूर्णता की बेहतर समझ देता है, उससे इन प्रक्रियाओं तथा इनके द्वारा प्रभावित कलाकृतियों के बीच सम्बन्धों को पृथक करना संभव हो जाता है कि समाजशास्त्रीय विश्लेषण किसी कलाकृति को निःशेष करना तो दूर कभी-कभी तो उसे छू भी नहीं पाता। यह विश्लेषण कृति की ओर आने वाले मार्ग पर रखे गए पहले कदम से अधिक कुछ नहीं है।

इस मार्ग पर चलकर ही हम उत्तर-आधुनिकतावाद के खतरों से अपने को तथा समाज को सतर्क कर सकते हैं। उत्तर आधुनिकतावाद अमरीकी संस्कृति के प्रसार का ऐसा क्षेप्यास्त्र है जो कहीं से कहीं तक मार कर सकता है। सारा विश्व इसकी मार के भीतर है—विशेष रूप से तीसरी दुनिया। तीसरी दुनिया के लेखक इसके विरुद्ध एक सांस्कृतिक लड़ाई लड़ रहे हैं। उत्तर-आधुनिकतावाद तीसरी दुनिया को अतीत की जड़ों से काट कर उसकी एक काल्पनिक छवि गढ़ना चाहता है। यह लड़ाई मुख्यतः भाषा के स्तर पर लड़ी जा रही है, अपने मुहावरों, बिम्बों, प्रतीकों और मिथकों के माध्यम से। अश्वेत अफ्रीका सबसे अधिक सचेत है। उत्तर-आधुनिकतावाद का रहस्यवाद हमारी अस्मिता पर चोट कर रहा है। अतः हमें जड़ों की ओर देखना होगा, उसे सुरक्षित रखना होगा। उसे सुरक्षित रख कर ही हम बेहतर बदलाव की ओर जा सकते हैं। निष्कर्षतः समाजशास्त्र को हम समीक्षा का प्रस्थान बिन्दु कह सकते हैं। इसके बाद दो बिन्दु और हैं—सौन्दर्यशास्त्र और सांस्कृतिक मूल्यांकन।

■

अनुक्रमणिका